Sabine Theadora Ruh / Dietmar Kern

Sicherheit für alle Fälle

Sabine Theadora Ruh / Dietmar Kern

Sicherheit für alle Fälle

Der optimale Versicherungsschutz für Familien

mvg

Die Deutsche Bibliothek – CIP Einheitsaufnahme

Ruh, Sabine Theadora:
Sicherheit für alle Fälle : der optimale Versicherungsschutz für Familien / Sabine Theadora Ruh; Dietmar Kern. – Landsberg am Lech : mvg, 2000
ISBN 3-478-87005-4

Bitte beachten Sie:
Alle Angaben wurden mit Sorgfalt ermittelt und überprüft. Sie basieren jedoch auf der Richtigkeit uns erteilter Auskünfte und unterliegen Veränderungen. Deshalb kann keine Gewähr übernommen werden.
Jede wirtschaftliche Unternehmung birgt gewisse Risiken. Die Übertragung allgemeiner Informationen auf die persönliche Situation sollte immer auch unter Risikogesichtspunkten erfolgen – gegebenenfalls empfiehlt es sich, einen Steuerberater oder Rechtsanwalt hinzuzuziehen.
Bank- und Steuerrecht sowie andere Bestimmungen erfahren durch die Rechtsprechung eine ständige Fortentwicklung. Daher muss der Leser bei Rechts- und Steuerfragen im Einzelfall eine Prüfung vornehmen lassen. Eine individuelle Rechts- oder Steuerberatung ist dem Autor gesetzlich strikt untersagt.

Umschlaggestaltung: Vierthaler & Braun, München
Konzeption und Produktion: Hampp Verlag, Stuttgart
Grafik und Satz: pws Print und Werbeservice Stuttgart
Fotos: PhotoDisc (S. 19), Eric Schaible (S. 9, 115, 157)
Druck: Franz-Spiegel-Buch, Ulm
Printed in Germany
087005/300652
ISBN 3-478-87005-4

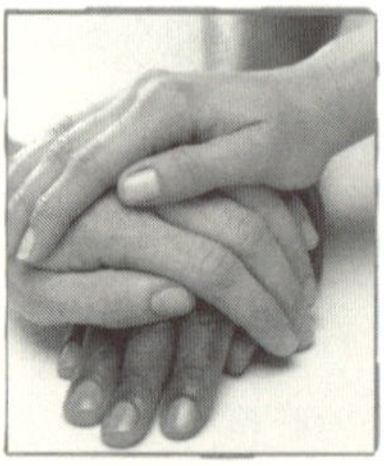

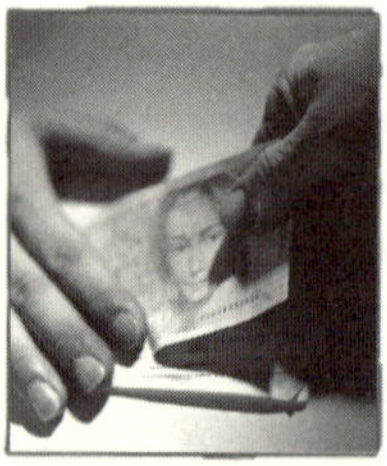

Familienversicherungen – rundum geschützt mit der richtigen Wahl

Wer gut beraten sein will, braucht die richtigen Informationen. Viele, die ein Auto kaufen wollen, sammeln deshalb Prospekte, lesen Zeitschriften oder sehen sich im Fernsehen Testberichte an. Versicherungskunden lassen diesen Eifer dagegen leider häufig vermissen. Diese Nachlässigkeit kommt die meisten dann auch teuer zu stehen.

Schutz für die ganze Familie

Als Familie haben Sie sicher keinen Pfennig zu viel. Das Gehalt des Hauptverdieners muss vielen Notwendigkeiten, Wünschen und Ansprüchen genügen. Da bleibt oft wenig für Ihren Versicherungsschutz übrig.

Gerade Familien sind oft falsch und teuer versichert

Zwar sind viele Familien versichert. Leider aber oft falsch – und in den meisten Fällen zu teuer. Sie sollten nur so viel wie nötig in Versicherungen investieren. Deswegen ist es wichtig, dass Sie einen umfassenden und ausreichenden Basis-Versicherungsschutz wählen – statt falscher Luxus-Versicherungen.

Dabei sollten Sie auch darauf achten, dass Sie bestimmte Versicherungen nur für eine gewisse Zeit brauchen. Denn: Manche Versicherungen erübrigen sich im Laufe eines Erwerbslebens.

Im Zentrum der Familienversicherung steht der Alleinverdiener. Denn auch im Todesfall muss die Familie, und besonders die mit kleinen Kindern, versorgt sein. Eine Risiko-Lebensversicherung, übrigens erschwinglich, ist deswegen sehr empfehlenswert. Teurer kommt dagegen eine Berufsunfähigkeitsversicherung, wenn sie nicht in Verbindung mit einer Risiko-Lebensversicherung steht. Doch jeder, der von seiner Arbeit leben muss, braucht eine.

Empfehlenswert für den Hauptverdiener ist außerdem eine Direktversicherung. Das ist entweder eine Kapital-Lebensversicherung, die der Arbeitgeber zahlt (Direktabschluss) oder bei der eine bestimmte Gehaltssumme (3 408 Mark) lediglich mit 20 Prozent versteuert wird (Gehaltsumwandlung). Beide dürfen erst mit 60 Jahren ausgezahlt werden.

Schließlich sollte der Hauptverdiener einer Familie sinnvollerweise gesetzlich krankenversichert sein. Dann sind alle Familienmitglieder beitragsfrei mitversichert.

Familienversicherungen müssen den Ansprüchen aller Familienmitglieder gerecht werden

Aber auch der nicht berufstätige Partner und die Kinder benötigen Versicherungen. Hausfrauen oder -männer und der Nachwuchs brauchen eine Unfallversicherung, die im Fall der Invalidität hilft, wenigstens die finanziellen Probleme in den Griff zu bekommen.

Schließlich sollten Sie auch Ihr Eigentum absichern. Eine Haftpflichtversicherung ist dringend notwendig, damit gestellte Forderungen zu keiner Existenzbedrohung führen. Eine Hausratversicherung braucht jede Familie. Und auch Hausbesitzer und Hausbauer benötigen als Basis-Versicherungsschutz bestimmte Policen.

Wichtig für die schönsten Wochen des Jahres ist vor allem eine Auslandsreisekrankenversicherung.

Notwendiger Versicherungsschutz für Familien

	Hauptverdiener	Mitverdiener	Kinder
Risiko-Lebensversicherung	ja	nein	nein
Berufsunfähigkeitsversicherung	ja	nein	nein
Kapital-Lebensversicherung/ private Rentenversicherung	nein	ja	nein
Direktversicherung	ja	nein	nein
Unfallversicherung	nein	ja	ja
Krankenversicherung empfehlenswert: gesetzliche	ja	ohne Zuzahlung mitversichert	
Private Haftpflichtversicherung	Familienversicherung – gilt für alle Familienmitglieder		
Hausratversicherung	Familienversicherung – gilt für alle Familienmitglieder		
Auslandsreisekrankenversicherung	Familienversicherung – gilt für alle Familienmitglieder		

Ermitteln Sie sorgfältig den passenden Versicherungsschutz

Entscheidend – der maßgeschneiderte Versicherungsschutz

Der Abschluss einer Versicherung gilt vielen als eine äußerst lästige Angelegenheit. Denn im Gegensatz zum Autokauf oder gar zur Entscheidung für ein Urlaubsziel handelt es sich bei Versicherungen um eine eher trockene Materie. Wer jedoch den Vergleich und die Durchsicht von Tarifen und Angeboten unterlässt, erlebt allzu oft, dass entweder der Versicherungsschutz zu teuer ist oder der Höhe nach einfach nicht ausreicht. Die Folge: Unterversicherung. Der richtige Versicherungsschutz ist eben nicht so leicht zu ermitteln. Und nur die wenigsten dürften in der glücklichen Lage sein, den eigenen Versicherungsbedarf exakt einzuschätzen und die Gesellschaft mit dem besten Preis-/Leistungsverhältnis zu finden.

Und so kommen Sie als Versicherungskunde nicht um eine kompetente Beratung herum. Lassen Sie sich von einem gut ausgebildeten klassischen Versicherungsvertreter beraten, sollten Sie sich aber im Klaren darüber sein, dass er Ihnen lediglich Produkte seiner Gesellschaft anbietet. Sämtliche Vergleichsmöglichkeiten entfallen. Und das bedeutet, dass Sie in vielen Fällen draufzahlen werden. Denn kein Versicherer ist überall der günstigste. Preis und Leistung einer Versicherung sollten aber immer im Vordergrund stehen.

Viele Versicherungsvertreter wollen Ihnen unnötige Policen verkaufen

Wünschen Sie eine umfassende und kompetente Betreuung, dann ist der Versicherungsberater der richtige Ansprechpartner. Dieser ist nicht am Verkauf von Policen interessiert. Für seine Tätigkeit verlangt er allerdings ein Honorar von bis zu 180 Mark pro Stunde.

Eine mögliche Alternative zum Berater ist der Versicherungsmakler. Gegenüber dem klassischen Versicherungsvertreter hat er den Vorteil, dass er stets Produkte verschiedener Gesellschaften im Angebot mit sich führt. Allerdings können Sie sich auch beim Makler nicht davor schützen, dass Sie das weniger geeignete Produkt bekommen. Stutzig sollte es Sie machen, wenn ein Makler zu langfristigen Vertragsbedingungen rät und dann nach Vertragsabschluss nicht mehr als Ansprechpartner zur Verfügung steht. Denn hier steht in den meisten Fällen das Provisions- vor dem Kundeninteresse. Der Vorteil beim Makler: Er kann für seine Falschberatung voll haftbar gemacht, d.h. zu Schadenersatz verpflichtet werden.

Insgesamt gilt bei Makler, Vertreter oder Berater am Telefon eines Direktanbieters gleichermaßen: Ist Ihnen der Gesprächspartner unsympathisch oder fühlen Sie sich unsicher, sollten Sie das Gespräch beenden.

Vorsicht bei Versicherungsverträgen

Viele Bundesbürger sind überversichert

Fast 2 500 Mark pro Jahr gibt jeder Deutsche für private Versicherungen aus. Hausrat, Haftpflicht, Auto, Rechtsschutz ... Viele Bundesbürger sind sogar überversichert. Dabei kommen gerade Mogelpackungen und Kleingedrucktes in Verträgen ahnungslose Kunden oft teuer zu stehen. Aber wer liest schon das Kleingedruckte? Zudem liegen die Preise für gleiche Leistungen bei verschiedenen Anbietern weit auseinander. Doch nur wer den günstigsten Tarif kennt, kann über die Hälfte des Beitrags sparen – bei gleichem Schutz.

Lassen Sie sich deshalb niemals zur Unterschrift hinreißen, auch wenn der Vertreter auf den Vertragsabschluss drängt. Überdenken Sie die ganze Sache noch einmal in Ruhe und vergleichen Sie immer mehrere Angebote miteinander.

Versicherungspakete sollten Sie prinzipiell meiden

Vorsicht ist bei Versicherungspaketen (mehrere Versicherungen, ein Vertrag, eine Unterschrift) geboten. Denn Pakete stellen nicht in jedem Fall die beste und günstigste Lösung dar. Nicht selten befinden sich darin auch solche Policen, die Sie vielleicht schon besitzen oder gar nicht benötigen. Mitbezahlen müssen Sie dafür aber trotzdem. Deshalb noch einmal: nicht überreden lassen.

Außerdem sollten Sie auf die Laufzeit achten. Hier gilt die Devise „Je kürzer, desto besser". Bei langen Laufzeiten verdient am Ende nur die Versicherung. Zwar erscheinen die Prämien auf den ersten Blick oftmals günstiger, unter dem Strich sind diese „Angebote" aber insgesamt teurer.

Vorsicht auch bei so genannten Karenz-Zeiten für Schadensfälle, wie sie bei Rechtsschutz- und privaten Krankenversicherungen gegeben sind. Denn passiert Ihnen etwas innerhalb dieser Zeit, ist die Versicherung von jeglicher Zahlungspflicht befreit.

Gleiches gilt für den Fall, dass Sie bereits vor Vertragsabschluss krank sind oder in einem Rechtsstreit stecken. Hier braucht die Versicherung ebenfalls nicht zu zahlen. Fragen Sie den Vertreter deshalb nach Karenz- und Schadensausschlusszeiten.

Lassen Sie sich Zusagen schriftlich geben

Sämtliche Abmachungen und Vereinbarungen sollten stets schriftlich erfolgen. Zwar sind auch mündliche Verträge später nicht rechtsungültig, den Nachweis müssen allerdings Sie erbringen. Vor allem aber sollten Sie sich nicht dazu verführen lassen, falsche Angaben zu machen. Denn wer etwa eine Krankheit verschweigt, riskiert, dass die Versicherung im Ernstfall keine müde Mark bezahlt.

Weigert sich die Gesellschaft beispielsweise, in einem Schadensfall zu zahlen, weil der Kunde angeblich seine vorvertraglichen Anzeigepflichten verletzt hat, muss der Versicherte in allen Einzelheiten darlegen, dass der Vermittler entweder nach den betreffenden Umständen nicht gefragt, die Fragen bagatellisiert oder die Angaben nicht an die jeweilige Versicherungsgesellschaft weitergeleitet hat.

Die Regeln für den Abschluss eines Vertrages

§ 10 a Versicherungsaufsichtsgesetz/VAG schreibt vor, dass der Kunde vollständig, übersichtlich und vor allem verständlich informiert werden muss, bevor er einen Vertrag abschließt. Dies bedeutet, dass Sie der Vertreter oder Makler bei allen Versicherungsverträgen über Laufzeit des Vertrages, Name, Anschrift und Rechtsform der Versicherungsgesellschaft, über Versicherungsbedingungen sowie auf den Vertrag anwendbares Recht, Prämienhöhe und Antragsbindungsfrist, die Belehrung über das Widerrufsrecht sowie die Anschrift der zuständigen Beschwerdestelle informieren muss. Bekommen Sie hingegen nicht alle erforderlichen Informationen, können Sie ein Jahr lang, nachdem Sie die erste Prämie überwiesen haben, Ihr Widerspruchsrecht nutzen.

Bei Problemen: Nutzen Sie Ihr Widerspruchsrecht

Verspricht ein Vermittler mehr, als die Versicherungsgesellschaft halten will oder kann, wird ein solches definitiv falsches Leistungsversprechen zum Gegenstand des Vertrages. Im Klartext: Tritt der Schadensfall ein, muss die Gesellschaft auch für diese normalerweise nicht versicherten Schäden haften. Gleiches gilt im Übrigen auch für vermeidbare Lücken im Versicherungsschutz, die ein Vermittler hätte erkennen können bzw. müssen (Beispiel: Der Kunde wünscht Spezialverglasung, der Vertreter vermittelt lediglich Normalverglasung). Wenn Sie in einem solchen Fall mit dem Sachbearbeiter nicht klarkommen, sollten Sie sich direkt mit dem Vorstandsvorsitzenden in Verbindung setzen.

Vor Abschluss jedes Vertrages müssen Sie über Überschussbeteiligung und Berechnungsmethode informiert werden

Auch müssen Sie vor Vertragsabschluss über Ihren Anspruch auf Überschussbeteiligung und Berechnungsmethode informiert werden. Was dabei als angemessener Überschuss gilt, hängt allerdings von den Kundenerwartungen ab, die in Werbung und Abschlussgespräch geweckt werden. Während der Laufzeit des Vertrages muss der Kunde einmal jährlich über die Höhe seiner Überschussbeteiligung informiert werden. Bei Kapitallebens- oder der fondsgebundenen Lebensversicherung muss der Versicherer darüber hinaus auch noch über die wichtigsten Steuerregelungen – dies aber vor Unterzeichnung – informieren. Für definitiv überflüssige Versicherungen, etwa Doppelversicherungen, kann der Kunde sogar Rückerstattung der eingezahlten Prämien verlangen!

Hierbei sollten Sie jedoch beachten: Ihre Ansprüche auf Schadenersatz bestehen nur in dem Umfang, in dem Sie nicht auch ein Mitverschulden an diesem Irrtum trifft. Und das liegt beispielsweise schon dann vor, wenn Sie bei Antragstellung die Versicherungsbedingungen erhalten haben und diese den falschen Angaben des Vermittlers klar widersprechen. Für die Folgen von Beratungsfehlern eines Versicherungsmaklers müssen Sie Schadenersatzansprüche direkt beim Makler und nicht bei der Gesellschaft geltend machen, da dieser selbst haftet. Doch Achtung: Hat ein Makler für sein Unternehmen die Rechtsform einer GmbH gewählt, dann ist seine Haftung von vornherein auf das vorhandene Gesellschaftsvermögen begrenzt!

Bevor Sie einen Vertrag unterzeichnen, sollten Sie sich an folgende Regeln halten:

- *Lassen Sie sich niemals zur Unterschrift drängen.*
- *Vergleichen Sie mehrere Angebote miteinander.*
- *Machen Sie unbedingt ausführliche und wahrheitsgemäße Angaben und versuchen Sie Ihrer Versicherung gegenüber nichts zu beschönigen. Denn nur so ist der Schadensachbearbeiter auch in der Lage, sich ein objektives Bild zu verschaffen. Kommen Sie den genannten Verpflichtungen nicht nach, gefährden Sie Ihren Versicherungsschutz.*
- *Lassen Sie sich jedes Leistungsversprechen schriftlich bestätigen.*
- *Lassen Sie an einem Beratungsgespräch eine Person Ihres Vertrauens teilnehmen, die nötigenfalls als Zeuge auftreten kann.*
- *Von Sammlungen sollten Sie Aufstellungen machen, die Sie tunlichst nicht bei sich zu Hause aufbewahren sollten. Denn was nützt Ihnen die schönste Aufstellung, wenn sie bei einem Brand vernichtet wird?*
- *Auch die Anfertigung von Fotos kann sehr wichtig sein. Sollte Ihnen z.B. bei einem Einbruch ein antiker Schrank gestohlen werden, für den kein Beleg vorhanden ist, so ist die Vorlage von Fotos (und seien es Fotos von einer Familienfeier, auf denen neben dem Schrank auch Ihre Großmutter abgelichtet wurde) sehr hilfreich.*
- *Aussagen von Zeugen, die etwas zu Art und Alter des Gegenstandes sagen können, sind ebenfalls nützlich.*
- *Machen Sie sich von allem, was Sie dem Versicherer zur Verfügung stellen, Kopien. Übersenden Sie Belege möglichst mit einem Anschreiben (immer die Schadensnummer bzw. die Versicherungsnummer angeben). So können Sie im Streitfall jederzeit nachweisen, wann Sie was gemacht haben.*
- *Aber auch die Inhalte von Telefonaten und persönlichen Gesprächen sollten Sie in Aktennotizen festhalten. Vergessen Sie dabei unter keinen Umständen den Namen des Sachbearbeiters, mit dem Sie gesprochen haben, sowie das Datum des Gesprächs.*

Doch egal, ob der Beratungsfehler von einem Makler oder einem Agenten kommt: Den Nachweis muss immer der Kunde selbst erbringen. Der einzige Unterschied: Schadenersatzansprüche gegen einen Makler verjähren grundsätzlich erst nach 30, die gegen Agenten bereits nach zwei Jahren!

Damit Sie nach einem Schadensfall nicht den Versicherungsschutz verlieren, sollten Sie einige wichtige Dinge beachten:

- *Melden Sie Ihrem Versicherer einen Schaden unverzüglich; zeigen Sie den Schaden ebenfalls unverzüglich der Polizei an.*
- *Reichen Sie der Polizei ein Verzeichnis aller abhanden gekommenen Sachen ein, lassen Sie Sparbücher, Schecks und andere sperrfähige Urkunden sperren und leiten Sie für abhanden gekommene Wertpapiere das Aufgebotsverfahren ein.*
- *Reichen Sie Ihrem Versicherer ein von Ihnen unterschriebenes Verzeichnis (Stehlgutliste) aller abhanden gekommenen Sachen ein. Doch Vorsicht: Geben Sie nicht mehr an, als Sie der Polizei mitgeteilt haben, da die Versicherer im Regelfall die polizeilichen Unterlagen einsehen.*
- *Informieren Sie des Weiteren nach jedem Schaden auch Ihren Versicherungsvermittler. In der Regel wird er Ihnen auch beim Ausfüllen der Schadenanzeige behilflich sein.*
- *Benennen Sie Zeugen, die Ihre Angaben bestätigen können.*
- *Ist der Vorgang polizeilich aufgenommen worden, sollten Sie dem Versicherer schnellstmöglich das Aktenzeichen und die Anschrift der Polizeidienststelle mitteilen.*
- *Auch müssen Sie den Schaden belegen können. Bewahren Sie daher alle Rechnungen, Garantieunterlagen u.Ä. auf, um sie dem Versicherer gegebenenfalls zur Verfügung zu stellen.*

Ihre Rechte und Pflichten

Preiskämpfe am Versicherungsmarkt gehören schon seit Jahrzehnten zur Normalität. Um dabei gut abzuschneiden, versuchen die Gesellschaften, ihre Verträge noch mehr zu differenzieren: Einteilung in Raucher, Nichtraucher, Singles, Wenigfahrer oder Garagenbesitzer. Da bei jeder Gesellschaft nunmehr individuelle Einstufungen möglich sind, ist ein Vergleich der Angebote fast nicht mehr möglich. Nicht zuletzt wird auch die Vertragsgestaltung immer komplizierter.

Sondieren Sie die Angebote: Nicht immer sind Billig-Tarife geeignet

Denn vergessen Sie zum Beispiel einer Gesellschaft mitzuteilen, dass Sie wieder zu rauchen begonnen haben, nachdem Sie den Vertrag als Nichtraucher unterzeichnet haben, dann kann die Versicherung Abschläge in der Leistung vornehmen. Werden Angaben in den Verträgen vorsätzlich falsch beantwortet, um dadurch günstiger eingestuft zu werden, stehen Strafprämien und ebenfalls Kürzungen der Leistungen an. Außerdem können die Verträge auch nichtig werden und der Versicherte schaut im Schadensfall in die Röhre.

Einheitliche Regelungen, in welchem Umfang Falschaussagen oder vergessene Mitteilungen behandelt werden, gibt es nicht. Vielmehr werden all diese Dinge im Versicherungsvertragsgesetz (VVG) geregelt. Von daher sollten grundsätzlich alle Fragen richtig und gewissenhaft beantwortet werden. Wer auf ein paar Mark Versicherungsprämien-Ersparnis verzichtet, gibt der Versicherungsgesellschaft weniger Anknüpfungspunkte, über bestimmte Leistungen zu streiten. Ändern sich die Lebensumstände, sollte dies sofort der Versicherung mitgeteilt werden. Dies gilt etwa bei der Frage, ob eine neue Sportart in der Unfallversicherung eingeschlossen ist oder nicht.

Bei jeder Gefahrerhöhung hat die Versicherung (wie auch der Kunde) zudem ein Kündigungsrecht. Des Weiteren gilt: Nur was schriftlich vereinbart wird, hat auch Gültigkeit. Bei Unsicherheiten lieber direkt bei der Versicherungs-Direktion in der Hauptverwaltung anrufen.

Rad-Versicherungen sollten Sie kritisch betrachten

Besonders kritisch sind Rad-Versicherungen unter die Lupe zu nehmen. Während Profis hoch versichert sind, radeln die meisten Freizeitsportler, ohne gegen die Folgen von Unfällen und Stürzen geschützt zu sein. Die Krankenkassen übernehmen hier jedoch nur einen Teil der Kosten. Weit mehr bezahlt die private Unfallversicherung.

Die private Unfallversicherung übernimmt in diesem Fall beispielsweise Bergung, Transport, kosmetische Operationen, Krankenhaustagegeld, eine vorher festgelegte Invaliditätssumme bzw. eine bestimmte Summe im Todesfall. Die Prämien selbst richten sich nach der gewünschten Leistung, dem Alter und dem Beruf der versicherten Person. Allerdings ist ein Radfahrer mit der privaten Unfallversicherung noch lange nicht gegen Forderungen Dritter versichert, denen durch sein Verschulden ein Schaden entstanden ist. Dafür benötigt man eine private Haftpflichtversicherung, die ohnehin jeder haben sollte. Die Kosten liegen zwischen 70 und 120 Mark im Jahr.

Schutzbriefe ersetzen nicht die private Unfallversicherung

Der einfache Diebstahl auf der Straße ist hingegen nur bei solchen Verträgen abgedeckt, die vor 1984 abgeschlossen wurden – allerdings nur bis 500 Mark. Ansonsten gilt der Versicherungsschutz nur zwischen sechs und 22 Uhr, außer das Fahrrad befindet sich nachts in Gebrauch (Fahrt zum Kino etc.).

Weiterhin sollten Sie beachten: Schutzbriefe, wie sie von Fahrrad-Versicherungen angeboten werden, ersetzen nicht die private Unfallversicherung! Aus diesem Grund lohnt eine Fahrrad-Haftpflichtversicherung also nur für den Fall, dass noch keine private Haftpflichtversicherung angeboten wurde.

Günstige Anbieter:

Allgemeiner Deutscher Fahrradclub:
Telefon 04 21/34 62 90

ARAG Topschutz:
Telefon 02 11/9 63 38 30

Bund für Umwelt und Naturschutz Deutschland:
Telefon 02 28/4 00 97 77

Perdange und Pöthe:
Telefon 0 40/6 82 86 90

Personenversicherungen

Ihr bestes Kapital sind Ihre Gesundheit und Ihre Arbeitskraft. Wenn Sie selbst nicht finanziell völlig unabhängig sind, sollten Sie beides ausreichend und günstig versichern. Denn einen Verlust können Sie sich nicht leisten, und das Leben ist immer ein Risiko.

Kapitalversicherungen

Leistung: *Kapital-Lebensversicherungen, Renten-, Aussteuer-, Ausbildungs-, Sterbegeld-Versicherungen – das sind eigentlich keine Versicherungen, sondern Sparverträge.*

Vorteile: *Wenige.*

Nachteile: *Undurchsichtige, oft falsche Rechenbeispiele!*

Wer sein Spargeld in eine Kapital-Lebensversicherung steckt und es später z.B. für einen Hauskauf zurückhaben will, erlebt oft eine böse Überraschung: Ein Großteil des Geldes „verschwindet" (legal) bei den Versicherungsgesellschaften („stille Reserven").

Fazit: *Genau überlegen.*

Da bei den meisten Lebensversicherungsarten die Annahme der Anträge von einer einwandfreien Gesundheit abhängig ist, hat die vorvertragliche Anzeigepflicht, die in den allgemeinen Bedingungen der jeweiligen Versicherungsarten besonders erwähnt wird, eine besondere Bedeutung. Danach müssen Sie die Gesundheitsfragen wahrheitsgemäß beantworten. Auch das Verschweigen vermeintlich nebensächlicher Erkrankungen kann, insbesondere innerhalb der ersten drei Jahre nach Abschluss des Versicherungsvertrages, Ihren Leistungsanspruch gefährden.

Bei Nachweis einer vorsätzlichen Irreführung der Gesellschaft ist auch zu einem späteren Zeitpunkt mit einer Anfechtung des Vertrages und der damit verbundenen Leistungsverweigerung zu rechnen. Dennoch: Trotz falscher Angaben kann eine Police unter Umständen gültig sein. Soll eine Lebensversicherungsgesellschaft zahlen, prüft sie zunächst peinlich genau, ob der Versicherungsvertrag korrekt ausgefüllt wurde. In einem Fall hatte der Versicherungsnehmer nicht erwähnt, dass er Gewohnheitstrinker war. Nachdem er aber an einer Bauchfellentzündung starb, brachten die Richter seinen Tod nicht mit dem Alkohol in Verbindung. Die Versicherung musste zahlen (LG Itzehoe, Az. 2 O 143/97 – 07/98).

Beantworten Sie Gesundheitsfragen wahrheitsgemäß – sonst stehen Sie im Zweifelsfall ohne Versicherungsschutz da

Als Kunde müssen Sie nicht jede Erkrankung nennen, wenn Sie eine Lebensversicherungspolice beantragen. Das entschieden Richter am Oberlandesgericht Koblenz (Az. 10 U 586/94). In ihrem Urteil heißt es, eine Offenbarungspflicht bestünde nur, wenn der Versicherte selbst wegen der Erkrankung mit einem „erheblichen Risiko der Lebensverkürzung rechne". In dem Fall hatte sich eine Gesellschaft geweigert, der Witwe des verstorbenen Versicherten Geld aus dem Vertrag zu zahlen. Die Begründung aber, der Mann habe eine Herzerkrankung verschwiegen und das Unternehmen arglistig getäuscht, ließen die Richter nicht gelten. Von Arglist könne nur die Rede sein, wenn der Mann die Krankheit verschwiegen habe, um den Versicherer zu schädigen. Die Witwe bekommt jetzt das ihr zustehende Geld.

Vorsicht bei Prognosen

Betrachten Sie Beispielrechnungen mit Vorbehalt

Viele Versicherungsvergleiche beruhen auf einer simplen Gegenüberstellung der Leistungsversprechen der einzelnen Gesellschaften. Dabei sollten Sie aber nicht verkennen, dass Prognosen über oft mehrere Jahrzehnte hinweg praktisch unmöglich sind. Sie sind daher in den Prospekten immer wieder mit dem Vorbehalt versehen, dass die angegebenen Beispielberechnungen für die Zukunft nicht garantiert werden. Zwar werden die Beispielberechnungen der Gesellschaften auf der Basis der jeweiligen aktuellen Geschäftsergebnisse vom Bundesaufsichtsamt in der Regel auch genehmigt, doch lässt sich für Sie als Außenstehenden nicht nachvollziehen, ob nicht atypische aktuelle Geschäftsergebnisse oder sonstige interne Vorgänge ein geschöntes Bild für die Zukunft abgeben. Die Verträge beruhen auf den Bestimmungen des Versicherungsvertragsgesetzes (VVG), den jeweiligen allgemeinen Bedingungen der entsprechenden Versicherungsart, die sich wiederum an Musterbedingungen orientieren.

Möglichkeiten bei der Kündigung

Generell können Lebensversicherungen ganz oder teilweise gekündigt werden, und zwar je nach Zahlungsweise zum Schluss des Versicherungsjahres oder früher. Falls Rückkaufswerte vorhanden sind, werden diese zurückgezahlt. Vor einer Kündigung sollte man sich in jedem Fall vorher diesen Rückkaufswert mitteilen lassen und dann in Ruhe überlegen, ob sich die Kündigung unter Berücksichtigung der eingezahlten Beiträge lohnt. Da es eine Reihe anderer Möglichkeiten gibt, unter Vermeidung finanzieller Verluste den Versicherungsschutz zumindest teilweise aufrechtzuerhalten, empfiehlt es sich, entsprechende Informationen von der Gesellschaft anzufordern.

Bei kapitalbildenden Lebensversicherungen und bei Rentenversicherungen ist die Kündigung in der Regel ein schlechtes Geschäft, da in den ersten Jahren wegen gezahlter Provisionen und anderer Kosten Rückkaufswerte kaum oder nur in geringem Umfang vorhanden sind.

Rückkaufswerte liegen immer niedrig

Zudem sollte jeder beachten, dass zwischenzeitlich gesundheitliche Verschlechterungen eingetreten sein können, an die man zunächst nicht denkt, die aber einen späteren Neuabschluss erschweren oder sogar unmöglich machen. Auch aus diesem Grund sollte eine Kündigung gut überlegt sein. Zudem gibt es noch verschiedene andere Alternativen:

- Ohne Verlust des Risikoschutzes aus der abgeschlossenen Versicherungssumme besteht bei vielen Vertragsarten auch die Möglichkeit, die gutgeschriebenen Gewinnanteile – wie üblich – zur Erhöhung der Versicherungssumme und damit zur Ermäßigung der Beiträge zu verwenden. Die Auszahlungssumme bei Fälligkeit aufgrund des Zinseszinseffektes wird dabei jedoch merklich niedriger ausfallen.
- Ermäßigen kann man Beiträge auch, wenn bei einer dynamischen Police auf die jährliche Anhebung von Versicherungssumme und Beitrag verzichtet wird. Diese Dynamik bringt bei der Rendite ohnehin kaum Vorteile, da die Erhöhungssumme versicherungstechnisch jeweils wie ein Neuabschluss behandelt wird – also mit allen hohen Anlaufkosten; die Verzinsung liegt deutlich niedriger als bei herkömmlichen Policen. Ein Pluspunkt ist lediglich, dass die Erhöhung im Rahmen der Dynamik ohne erneute Gesundheitsprüfung möglich wird. Diesen Vorteil vergibt sich der Anleger jedoch erst mit der zweiten Ablehnung der Erhöhung in Folge.

Die Möglichkeit einer Beitragsfreistellung

- Auch eine Beitragsfreistellung kann sich als interessante Alternative erweisen: Hier wird die Versicherungssumme auf die Höhe des Rückkaufswertes herabgesetzt, weitere Beiträge brauchen nicht mehr bezahlt zu werden. Gewinnanteile gehen nicht verloren. Welche Versicherungssumme und welche Zahlung bei Fälligkeit sich im Falle einer Herabsetzung ergeben würden, kann der Anleger aus den Versicherungsunterlagen ersehen. Ist dies nicht der Fall, sollte man das Unternehmen dazu auffordern, die aktuellen Daten mitzuteilen.
- Bedenken Sie bei einer beabsichtigten Beitragsfreistellung aber auch, dass damit zum einen der Versicherungsschutz herabgesetzt wird und die so entstandene Lücke gegebenenfalls anderweitig abgesichert werden muss, zum anderen ein späterer Neuabschluss einer Lebensversicherung wesentlich teurer wird. Denn je später eine Lebensversicherung abgeschlossen wird, um so höher sind Beitrag und Risikoanteil, bei verschlechtertem Zustand kann die Gesellschaft den Kunden sogar ablehnen.
- Neben der Beitragsfreistellung ist auch eine Laufzeitverkürzung möglich und oftmals sogar günstiger. Hierbei wird unter Berück-

sichtigung der bezahlten und noch zu zahlenden Beiträge die Versicherungssumme des Vertrages herabgesetzt und die Restlaufzeit in der Regel auf mindestens zwei bis fünf Jahre verkürzt, wobei das Ganze dann noch mit einer Beitragsfreistellung kombiniert werden kann. Bei der Laufzeitverkürzung erhalten Sie den vollen Schlussgewinnanteil, der den Verlust durch die Herabsetzung der Versicherungssumme oftmals aufwiegen wird. Auch über die Möglichkeit einer Laufzeitverkürzung kann die Gesellschaft detailliert Auskunft geben. Umgekehrt kann eine Beitragsermäßigung durch die Verlängerung der Laufzeit erreicht werden.

Die Möglichkeit einer Laufzeitverkürzung

- Im Falle eines vorübergehenden Finanzengpasses – aber auch wenn der Höchstbetrag der Vorsorgeaufwendungen für das laufende Jahr bereits ausgeschöpft ist, im kommenden Jahr jedoch wieder „Platz“ ist – kann man die Beiträge stunden lassen. Möglich ist dies in der Regel für maximal sechs bis zwölf Monate. Verlangt werden marktübliche Zinsen für das „Darlehen“. Gestundete Beiträge können bei Zustimmung durch die Gesellschaft aber auch mit der späteren Auszahlungssumme verrechnet werden. Bis zur Höhe des Rückkaufswertes des Vertrages kann man auch ein zinsgünstiges Policendarlehen aufnehmen und davon – sofern Bedarf besteht – die Beiträge bezahlen. Hier liegt die Verzinsung meist recht günstig, die Stellung von Sicherheiten entfällt. Zurückgezahlt wird das Policendarlehen spätestens mit Fälligkeit des Vertrages.
- Bei gleich bleibendem Versicherungsschutz kann man die Versicherung auch teilweise oder ganz ruhen lassen. Üblich ist hierzu die Umstellung von Kapitalversicherung auf Risiko-Police: Der Kunde zahlt für den vollen Versicherungsschutz vorübergehend – meist für ein bis zwei Jahre – lediglich den wesentlich niedrigeren Risikobeitrag und erst später die Differenz zum vereinbarten Beitrag. Verlangt werden hierfür die bei Stundung üblichen Zinsen. Anstelle der Nachentrichtung ist aber auch eine Beginnverschiebung möglich.

Die Umstellung von Kapitalversicherung auf Risiko-Police

- Eine Verschiebung von Vertragsbeginn und Fälligkeitstermin wird auch bei völligem Ruhen des Vertrages vorgenommen, bei dem die ausgesetzten Beiträge nicht nachentrichtet werden müssen, die Versicherungssumme während der Ruhezeit jedoch auf den Rückkaufswert herabgesetzt wird.
- Für Arbeitslose, die während ihrer Berufstätigkeit von der Rentenversicherungspflicht befreit waren (z.B. wegen einer befreienden Lebensversicherung zu einer berufsständischen Versorgungseinrich-

tung), übernimmt die Bundesanstalt für Arbeit während der Zeit der Arbeitslosigkeit die Beiträge zur Lebensversicherung.

Kündigen Sie Ihre Lebensversicherung möglichst nicht

- Wer eine Lebensversicherung hat, der sollte sich nicht in allen Fällen zu einer Kündigung des Vertrages verleiten lassen, um das Geld eventuell in spekulative Anlageformen zu stecken. Denn die Nachteile bei der Kündigung bestehender Verträge sind groß. Die entstehenden Verluste ersehen Sie aus dem Rückkaufswert zum jeweiligen Kündigungstermin. Ferner entfällt bei der Kündigung der Risikoschutz für die Angehörigen im Falle des Todes des Versicherungsnehmers.
- Versicherer müssen informieren: Bei allen seit Jahresbeginn 1995 abgeschlossenen Lebensversicherungsverträgen sind die Versicherungsunternehmen verpflichtet, die Versicherungsnehmer jährlich über die jeweilige Höhe ihres Überschussguthabens zu informieren. Bei allen anderen älteren Lebensversicherungen informieren die Unternehmen freiwillig auch regelmäßig. Auf Anfrage teilen sie aber darüber hinaus jederzeit ihren Kunden den neuesten Stand des Überschussguthabens mit. In den ersten Jahren der Laufzeit des Vertrages fällt das Überschussguthaben relativ niedrig aus, weil die Kosten (Vertragsabschluss, Gesundheitsprüfung usw.) stark zu Buche schlagen.

Steuerliche Hinweise

Lebensversicherungen werden steuerlich begünstigt

Lebensversicherungen werden in vielfacher Hinsicht steuerlich begünstigt. Steuerliche Hinweise werden zu den einzelnen Lebensversicherungsarten gegeben. Vergünstigungen bestehen generell bei allen Lebensversicherungsformen, da die Beiträge im Rahmen der Höchstbeträge für Vorsorgeaufwendungen als Sonderausgaben geltend gemacht werden können. Allerdings sollte man sich hierdurch nicht täuschen lassen: Der Höchstbetrag für Sonderausgaben wird bereits in den meisten Fällen durch die persönlichen Arbeitnehmerbeiträge zur Sozialversicherung (Lohnsteuerkarten-Eintrag vergleichen) ausgeschöpft, so dass sich alle weiteren Versicherungen nicht mehr auswirken!

Abzug nur bei EU-Versicherern

Beiträge zu Lebensversicherungen können nur dann als Sonderausgaben bei der Einkommenssteuer-Erklärung abgesetzt werden, wenn die Versicherungsgesellschaft ihren Sitz in einem Mitgliedsstaat der Europäischen Union hat. Außerdem muss der Versicherungsgesellschaft der Geschäftsbetrieb in der Bundesrepublik erlaubt worden sein. Das heißt: Beiträge, die etwa für eine schweizerische Lebens- oder Rentenversicherung gezahlt werden, sind nicht als Sonderausgaben vom Einkommen absetzbar.

Die kapitalbildende Lebensversicherung - die private Vorsorge für einen ruhigen Lebensabend?

Die kapitalbildende Lebensversicherung verbindet Risikoschutz und Kapitalbildung

Vor dem Hintergrund der Geburtenrückgänge und deren Auswirkungen auf die gesetzliche Rentenversicherung wird die eigenverantwortliche Vorsorge immer wichtiger. Zu der häufigsten Form der Altersvorsorge zählt der Abschluss einer kapitalbildenden Lebensversicherung. Denn sie verbindet Risikoschutz und Kapitalbildung für die gesamte Vertragslaufzeit. Schon nach Zahlung nur eines Beitrages wird im Todesfall die gesamte Versicherungssumme fällig. Im Erlebensfall erhält der Versicherte bei Ablauf des Vertrages die vorher festgelegte Versicherungssumme einschließlich der garantierten Überschussbeteiligung.

Im Vergleich zu anderen Anlageformen bietet die kapitalbildende Lebensversicherung eine hohe Verlässlichkeit der zu erwartenden Gewinne. Wertschwankungen wie beispielsweise bei Fondssparverträgen oder Aktien sind ausgeschlossen. Hierdurch ist der Versicherungsinhaber wenigstens davor geschützt, dass Teile der langfristig über die Lebensversicherung aufgebauten Altersvorsorge zunichte gemacht werden. Und gerade diese Voraussetzung ist für eine verlässliche Altersvorsorge unbedingt erforderlich. Dennoch: Das Ziel wird sehr oft verfehlt.

Zwar ist die Kapital-Lebensversicherung für viele der Inbegriff der privaten Altersvorsorge. Für andere allerdings ist sie „legaler Betrug". Besonders bei Verbraucherschützern ist das Produkt stark umstritten.

Versicherungsgesellschaften und Kritiker liefern sich seit Jahren einen heftigen Schlagabtausch.

Die Argumente der Versicherungen: Die Kapital-Lebensversicherung sei ein ideales Kombinationsprodukt der Alters-, Invaliditäts- und Hinterbliebenenvorsorge. Die Kritiker dagegen rügen die Intransparenz und mangelnde Flexibilität des Produktes, die Verkaufsmethoden der Vertreter, deren überhöhte Provisionen und den undurchsichtigen Sparvorgang mit einer ungenügenden Überschussbeteiligung. Die Härte, mit der die Konfrontation ausgetragen wird, spiegelt die Tatsache wider, dass laut Gerichtsurteil das Versicherungsprodukt als „legaler Betrug" bezeichnet werden darf.

Der Bund der Versicherten fordert, dass Versicherung und Geldanlage entbündelt werden sollten, und bezeichnet die Kapital-Lebensversicherung als schlechteste aller langfristigen Geldanlagen. Verbraucherschützer fordern die Verwendung der Beiträge nach Kosten-, Risiko- und Sparanteil aufzuschlüsseln, was die Versicherungsgesellschaften ablehnen. Und die Zeitschrift „Finanztest" der Stiftung Warentest urteilte im Juli-Heft 1998: „knapp jede fünfte Lebensversicherung mangelhaft".

Einzig durch die Überschüsse werden Kapital-Lebens-versicherungen akzeptabel

Dabei ist die Wertentwicklung abhängig von den Überschüssen, die die Versicherungsgesellschaft in Zukunft erwirtschaften kann. Der Versicherte erhält davon immer eine Überschussbeteiligung. Aber deren Höhe variiert, je nachdem wie viel die Gesellschaft erzielt und wie sehr sie ihre Kunden an ihrem Erfolg beteiligt. Denn sie muss die

So „korrigieren" Lebensversicherer Überschüsse nach unten

Ein echter Trick der Versicherungsbranche: das Auftürmen von stillen Reserven. Damit reduzieren Sie die erzielten Überschüsse – und der Lebensversicherungs-Sparer bekommt nach jahrzehntelangem Ansparen weniger heraus. Das ist möglich, weil dies die deutschen Bilanzierungsregeln zulassen. Kauft ein Unternehmen beispielsweise Aktien oder Anleihen, werden sie zum Niedrigstwertprinzip in die Bilanz aufgenommen. Auch wenn sie tatsächlich viel mehr wert sind, stehen die Wertpapiere zum niedrigsten Kurs in der Bilanz, den sie nach dem Kauf erreichten. Besonders beliebt sind Immobilien als stille Reserve. Sie kann man ständig abschreiben, bis sie dann nur noch symbolisch auftauchen.

Versicherten daran nur zu 90 Prozent beteiligen. Und für den Kunden heißt dies: Beim Abschluss ist die Höhe der Auszahlung ungewiss. Sicher ist allein die Versicherungssumme. Denn anders als bei Geldanlagen weiß der Kunde beim Versicherungssparen nicht, wie viel Prozent Zinsen er wirklich für sein eingezahltes Kapital bekommt. Und es kommt noch schlechter: Die garantierten Prozente gelten nicht für das gesamte Betragsvolumen, das der Kunde einzahlt, sondern allein für den Sparanteil.

Vor dem Sparen stehen zunächst die Abzüge durch Provision und Verwaltungskosten

Der Grund: Die Versicherungsbeiträge der Kunden werden dreigeteilt. Die Gesellschaften behalten in Extremfällen ein Drittel der eingezahlten Summe für Risikoschutz, Provisionen und Verwaltung zurück. Was dann übrig bleibt, ist der Sparanteil und nur der wird verzinst. Fazit für den renditebewussten Sparer: Die Rendite steigt um so mehr, je ertragreicher ein Versicherer die Spargelder der Kunden anlegt und je kostengünstiger er arbeitet.

Beitragsdepot oder Einmalzahlung?

Einmalbeitrags-Versicherung: Das ist eine Lebensversicherung, deren Beiträge sofort bei Vertragsabschluss in einer einzigen Summe fällig werden. Beispiel: Viele Leute schließen zu Beginn des Ruhestandes eine Lebensversicherung ab, mit der sie sich zusätzliche, sofort beginnende, monatliche Rentenzahlungen sichern. Dafür setzen sie zum Beispiel den Betrag ihrer ausgezahlten Lebensversicherung, eine Erbschaft oder gar einen Lottogewinn ein. Vor der Entscheidung sollte man sich aber genau darüber informieren, ob das Geld nicht etwas rentabler angelegt werden kann als bei der „Verrentung".

Wer einen größeren Geldbetrag zur Verfügung hat, kann diesen auch vollständig für seine Lebensversicherung verwenden. Hierfür werden zwei Modelle angeboten, die beide je nach Versicherungsart ihre unterschiedliche Bedeutung haben können.

Bei der Einmalzahlung wird das gesamte Geld sofort angelegt

Bei der so genannten Einmalzahlung fließt der gesamte Beitrag unmittelbar der Versicherungsgesellschaft zu, die das Geld dann sofort anlegen kann. Da auf diese Weise ein zusätzlicher Zinseffekt entsteht, haben diese Tarife eine sehr gute Rendite. Dieser Vorteil wird allerdings wieder aufgefressen, da diese Beitragsform bei der kapitalbildenden Lebensversicherung nicht steuerlich privilegiert ist (anders unter bestimmten Voraussetzungen bei der privaten Rentenversicherung); deshalb ist die Einmalzahlung auch eher die Ausnahme.

Anders verhält es sich beim so genannten Beitragsdepot. Hier wird der Einmalbetrag auf ein gesondertes, von der Gesellschaft verwaltetes Beitragskonto (Depot) eingezahlt, von dem dann die Beitragsraten inklusive der angefallenen Zinsen in zu vereinbarenden Raten abgerufen werden. Damit die steuerlichen Vorteile erhalten bleiben, muss sich der Einmalbetrag auf mindestens fünf Jahresraten verteilen.

Wie Familien teurere Risikobeiträge vermeiden

Die Dynamik ist eine teure Versicherungsfalle

Bei jedem Abschluss einer kapitalbildenden Lebensversicherung wird die Frage nach einer Dynamisierung der Beiträge und Leistungen gestellt. Es werden Beitragsanpassungen gleitend bis zu zehn Prozent und auch gekoppelt an die Steigerung der gesetzlichen Rentenversicherung angeboten. Ganz gleich für welchen Steigerungssatz Sie sich entscheiden, Sie sollten sich in jedem Fall darüber im Klaren sein, dass jede Steigerung des Beitrags versicherungstechnisch zum Abschluss eines separaten eigenständigen Zusatzvertrages führt. Ausgehend von dem zu zahlenden Mehrbetrag wird eine neue Risiko- und Erlebensfallsumme unter Zugrundelegung des aktuellen Alters des Versicherten berechnet.

Da mit steigendem Alter und damit auch steigendem Sterblichkeitsrisiko für die jeweiligen Risikoanteile der Versicherung bezahlt werden muss, versteht es sich von selbst, dass der Anspareffekt stetig abnimmt. Es ist daher wenig sinnvoll, diese Versicherungsform durchlaufend zu dynamisieren. Bei jüngeren Versicherungsnehmern kann es jedoch unter Umständen durchaus sinnvoll sein, am Anfang des Vertrages eine höhere Dynamisierung zu vereinbaren. Der Versicherte erhält so gewissermaßen eine Option, seinen Vertrag den sich wechselnden Gegebenheiten ohne erneute Gesundheitsprüfung anzupassen. Da der Vertrag in der Regel nur jedes dritte Jahr angepasst werden muss, hat der Versicherte auch nach zwischenzeitlicher Erkrankung – die zur generellen Nichtversicherbarkeit führt – und vorhergegangener Dynamisierungspause die Möglichkeit, seinen Vertrag aufzustocken.

Jede Dynamisierung ist ein neuer Vertrag – inklusive der Zahlung von Honorar

Vergleiche von Kapital-Lebens- versicherungen: So wird's gemacht

Vergleichen Sie die Höhe der Verwaltungs- und Vertriebskosten. Bei sparsam arbeitenden Versicherern bekommen Sie eine höhere Rendite.

Vergleichen Sie die Prämienhöhe bei gleicher Leistung. Je günstiger die Prämie, desto kostenbewusster arbeitet die Versicherung, desto mehr bleibt von Ihrem Geld zum Sparen übrig.

Vergleichen Sie die Stornoquote – das anschaulichste Beispiel für Beratungsqualität. Sie liegt im Branchendurchschnitt zwischen drei und sieben Prozent. Liegt Sie darüber, dann besser die Versicherung meiden.

Vergleichen Sie den Bilanzposten „Rückstellungen für Beitragsrückerstattung". Dieser enthält die Überschüsse, die an die Versicherungskunden gehen. Messen Sie deren Höhe mit den Beitragseinnahmen. Bei soliden Gesellschaften liegt sie zwischen 80 und 110 Prozent.

Vergleichen Sie den Rückkaufswert, der in Ihrem Angebot genannt sein sollte. Das ist die Summe, die Sie bei vorzeitiger Kündigung von ihrer Versicherung garantiert zurückbekommen. Denn oft erreicht dieser Wert erst nach zehnjähriger Laufzeit (!) die Summe der eingezahlten Beiträge. Deswegen vergleichen Sie die Rückkaufswerte mit den einzuzahlenden Beiträgen der ersten Jahre.

Die kapitalbildende Lebensversicherung kann ein gutes Vorsorgeinstrument sein

Einige Gesellschaften bieten die Möglichkeit, zu Beginn eine Risikosumme zu wählen, die höher ist als die Erlebensfallsumme. Bei der Dynamisierung der Beiträge dienen bei diesen Tarifen die Mehrbeiträge ausschließlich der Erhöhung der Erlebensfallsumme und damit der besseren Altersversorgung. Die höheren und teurer werdenden Risikobeiträge werden so vermieden. Damit kann die kapitalbildende Lebensversicherung mit den Zusatzversicherungen ein bequemes und steuerfreundliches Allround-Vorsorgeinstrument sein, wenn dabei andere Versorgungsziele nicht vernachlässigt werden.

Die fondsgebundene Lebensversicherung

Eine moderne Form der Lebensversicherung stellt die fondsgebundene Lebensversicherung dar, die wie die kapitalbildende Lebensversicherung einen Risikoanteil und einen Sparanteil beinhaltet. Der Unterschied besteht darin, dass der Sparanteil in einen mehr oder weniger spekulativen Fondsanteil fließt. Bei der Vertragsgestaltung sollten aber einige Punkte beachtet werden.

Nur als „Zweit"-Versicherung ist eine fondsgebundene Lebensversicherung sinnvoll

Die Auszahlung der fondsgebundenen Lebensversicherung kann unter gewissen Umständen weit unter der Auszahlung einer Kapital-Lebensversicherung liegen. Nämlich dann, wenn sich die Börse gerade in einer Flaute befindet. Einige Versicherungen erlauben deshalb dem Versicherten, eine so genannte Nachlauffrist einzuhalten, die bis zu fünf Jahren gehen kann. Fällt der Auszahlungstermin gerade in eine schwache Börsenphase, kann der Kunde zunächst auf die Auszahlung verzichten und sich das Kapital dann auszahlen lassen, wenn der Fonds wieder bessere Zahlen aufweist. Damit fällt seine Ablaufleistung entsprechend höher aus.

So heißt es beispielsweise im Merkblatt für die fondsgebundenen Lebensversicherungen einer Gesellschaft: „Sie können spätestens einen Monat vor dem für den Ablauf der Versicherung vorgesehenen Termin schriftlich verlangen, dass Ihre Versicherung einmalig und ohne Gesundheitsprüfung für einen Zeitraum von höchstens fünf Jahren verlängert wird, sofern die versicherte Person den Ablauftermin erlebt."

Trotzdem gibt es Argumente, die für die fondsgebundene Lebensversicherung sprechen, z.B. höhere Rückkaufswerte in den ersten Jahren. Im Gegensatz zur Kapital-Lebensversicherung ist hier auch die Transparenz für den Kunden gewährleistet. In der Vergangenheit war es dem Kunden unmöglich zu erfahren, wie bei der Kapital-Lebensversicherung sein Geld verwendet wird. Die Trennung zwischen Risiko- und Sparanteil blieb ihm verborgen, und die Überschussbeteiligung fiel nicht immer zu seinem Vorteil aus. Dies hat sich mittlerweile geändert.

Der anhaltende Börsenboom beschert den Lebensversicherern zusätzliche Abschlüsse

Bei der fondsgebundenen Lebensversicherung kann der Versicherungsnehmer selbst bestimmen, in welche zur Auswahl stehenden Fonds sein Geld investiert wird. Er kennt die Strategie der Gesellschaft, erhält jährlich einen Auszug über Erfolg oder Misserfolg der Fonds und kann während der Laufzeit die Fonds wechseln. Erwartet der Versicherungsnehmer Steigerungen am Aktienmarkt, wird er vielleicht vom Immobilienfonds in einen Aktienfonds wechseln. Ist ihm diese Anlage zu spekulativ, bleibt als Alternative der relativ sichere Rentenfonds, der bei Zinssenkungen gutes Wachstum verspricht.

Noch ein Argument, das für die Fondsgebundene spricht: Bei der Kapital-Lebensversicherung werden in der Regel die ersten zwei bis drei Jahresbeiträge durch Kosten der Verwaltung und der Provision aufgezehrt. Das heißt: Der Rückkaufswert ist sehr gering. Bei der Fondsgebundenen werden die Provisionszahlungen über die Laufzeit so verteilt, dass der Versicherte bereits im ersten Jahr an den erzielten Erfolgen teilnehmen kann. Angenehme Folge: Die Rückkaufswerte liegen in den ersten Jahren höher.

Es gibt verschiedene Möglichkeiten der Vertragsgestaltung

Die Vertragsgestaltung bei fondsgebundenen Lebensversicherungen ist äußerst flexibel. Der Versicherungsnehmer kann während der Laufzeit die Bedingungen ändern, indem er etwa die Aufteilung seiner Beiträge für das Sparen und die Risikoabsicherung ohne Einfluss auf den Gesamtbeitrag ändert. Der Versicherungsschutz für den vorzeitigen Todesfall und der Vermögensaufbau für das Alter müssen also nicht in einem starren Verhältnis zueinander stehen. Auf diese Weise kann jeder Versicherungsnehmer den Schwerpunkt nach seinen Wünschen im Rahmen des Beitrags individuell festlegen und im Verlauf des Vertrages den geänderten Lebensverhältnissen anpassen.

Der Vergleich: Kapital-Lebensversicherung und fondsgebundene Lebensversicherung

Kapital-LV:

- *Im Erlebensfall wird nur die Versicherungssumme garantiert*
- *Kein Einfluss auf die Anlage des Sparanteils*
- *Variable Gestaltung zwischen Risiko- und Sparanteil in der Regel nicht möglich*
- *Wenig Transparenz für den Versicherten*
- *Konservative Anlage für die Altersversorgung, da kein Risiko*

Fondsgebundene LV:

- *Höhere Rendite bei größerem Risiko möglich*
- *Flexible Gestaltung durch Anlage in verschiedenen Fonds möglich*
- *Anleger kann Risiko- und Sparanteil weitgehend selbst bestimmen*
- *Vorzeitiger Verkauf kann je nach Börsensituation Vorteile bringen*
- *Optimale Transparenz für den Versicherten*
- *Spekulative Anlage, daher eher für risikobereite Anleger oder als zusätzliche Versicherung geeignet (entfällt bei richtiger Risikooptimierung)*

Der Versicherungsnehmer bestimmt die Höhe des Beitrags

Der Versicherungsnehmer bestimmt somit jederzeit die Höhe des Beitrags, des Versicherungsschutzes sowie der angelegten Spargelder und wird jedes Jahr durch einen Kontoauszug darüber informiert, wie viel Verwaltungskosten von seinem Beitrag abgezogen werden, wie viel in Fondsanteile angelegt wurde und welche Prämien für den Todesfallschutz einbehalten wurden. Damit gewinnt die fondsgebundene Lebensversicherung – nicht nur wegen ihrer hohen Nettorendite – auf dem Finanzmarkt weiter an Bedeutung.

Die Risiken, die jeder Geldanlage in Aktienfonds innewohnen, können durch ein kompetentes und erfahrenes Fondsmanagement minimiert werden. Die Aufgabe des Fondsmanagements besteht nämlich darin, den oder die Fonds, in den bzw. in die die Beiträge der Verbraucher angelegt werden, gegen verschiedene, genau bestimmbare Risiken abzusichern. Zu den wichtigsten Risiken zählen das Kursänderungsrisiko (Wertverlust durch fallende Aktienkurse), das Insolvenzrisiko (Zahlungsunfähigkeit bei Emittenten von börsennotierten Aktien), das Schwellenländerrisiko (Aktienanlage in traditionell weniger marktwirtschaftlich orientierte Staaten wie etwa in Osteuropa, Lateinamerika und Asien) und das Währungsrisiko (Geldanlage in Vermögensanteile, deren Rechnungswährung nicht die D-Mark ist).

Das Management einer fondsgebundenen Lebensversicherung zielt nicht auf kurzfristige und sensationell hohe Renditen bei sehr hohem Risikoeinsatz ab. Es bemüht sich stattdessen um eine kontinuierliche Wertsteigerung der Geldanlage über einen längeren Zeitraum hinweg, wobei das Risiko kalkulierbar bleibt. Hinsichtlich der Geldanlage in Aktienfonds besteht bei der bundesdeutschen Bevölkerung ein großer Aufklärungsbedarf. Vorurteile auf diesem Gebiet zu beseitigen ist um so mehr notwendig, als sich renditestarke Geldanlageformen wie die fondsgebundene Lebensversicherung auch als Baustein der privaten Altersvorsorge verwenden lassen. Genauso wie beim Fondsmanagement gilt bei der privaten Altersvorsorge das Prinzip der Risikostreuung und -begrenzung.

Je früher man mit der Altersvorsorge beginnt, desto eher kann man auf Aktienfonds setzen

Risikostärkere Formen der Geldanlage können kombiniert werden mit risikoarmen. Entscheidend für ihre Verteilung ist das Lebensalter. So bietet sich die fondsgebundene Lebensversicherung vor allem für Berufseinsteiger in jungen Jahren als ein wichtiger Baustein der privaten Altersvorsorge an. Bei einer Laufzeit von zwölf bis 20 Jahren wird der Auszahlungsbetrag in der Regel im Alter zwischen 35 und 50 Jahren fällig. Das Kapital kann dann umgewandelt werden in eine risikoärmere Form der Geldanlage, um schließlich bei Beginn des Rentenalters zur Verfügung zu stehen. Durch die aktuellen Entwicklungen wird das Gewicht der fondsgebundenen Lebensversicherung auf den Versicherungs- und Finanzmärkten weiter zunehmen.

Private Rentenversicherung - Renditen glänzend bis indiskutabel

Angenehm: Eine private Rentenversicherung zahlt auch, wenn das Kapital rein rechnerisch schon verbraucht ist

Die Privatrente gehört zur Familie der Lebensversicherungen. Sie ist eine Kapital-Lebensversicherung – nur ohne Todesfallschutz und um die Kosten für einen solchen günstiger. Abgezogen werden von den Einzahlungen die Gebühren sowie die Vermittlungsprovision. Damit liegen die Renditen etwas höher als bei der normalen Lebensversicherung. Der große Vorteil der Privatrente ist die lebenslange Zahlung. Egal, wie alt Sie werden, ob unterdurchschnittlich oder hundertjährig, die private Rentenversicherung überweist auch, wenn Ihr eingezahltes Kapital rein rechnerisch schon verbraucht ist. Entsprechend unterschiedlich kann die Rendite einer privaten Rentenversicherung sein: glänzend oder indiskutabel. Denn bei frühem Tod entsteht der Verlust des Kapitals.

Wie bei der Kapital-Lebensversicherung liegt die Mindestverzinsung des Sparkapitals bis einschließlich Juni 2000 bei vier Prozent, ab Juli 2000 dann bei 3,5 Prozent. Und wie die Kapital-Lebensversicherung setzt sich die private Rente aus einem garantierten Teil und einem Überschussanteil zusammen. Im Gegensatz zu dieser aber gibt es bei der Renten-Police keine Gesundheitsprüfung.

Zwei grundsätzliche Varianten bietet die private Rentenversicherung. Nach einer Einmalzahlung gibt es die so genannte Sofortrente. Interessant für Menschen kurz vor oder im Rentenalter. Nach einer Kapitalüberweisung, denkbar aus einer Kapital-Lebensversicherung oder einem Sparplan, wird das Geld unmittelbar verrentet. Man kann dies auch anders formulieren: Die Privatrente ist eigentlich ein Auszahlungsplan. Laufzeit: lebenslänglich. Das Gegenstück zur Sofortrente ist die so genannte aufgeschobene Rentenversicherung. Hier sammeln junge Menschen Beitragszahlungen in einem reinen Sparvertrag an.

Wie bei der gesetzlichen Rentenversicherung gibt es auch bei der privaten das „Problem“ der steigenden Lebenserwartung. Von der

Die steigende Lebenserwartung ist auch das Problem der privaten Rentenversicherer

Überschussbeteiligung ist nur ein Teil sicher. Denn sie kann gekürzt werden. Davon haben die Gesellschaften schon häufig Gebrauch gemacht, denn bei steigender Lebenserwartung müssen sie länger Renten zahlen – und die Versicherten mit Abschlägen rechnen. Bei steigender Lebenserwartung ist Ähnliches auch in Zukunft zu befürchten.

Damit beim frühen Tod nicht das ganze Kapital verloren geht, gibt es die Garantiezahlung. Für teures Geld erkauft man sich damit das

Checkliste für Ihren Abschluss

Um Ihnen einen Angebotsvergleich zu erleichtern, sollten Sie folgende Punkte beachten:

✔ **1.** *Wertentwicklung und Rendite der Fonds in der Vergangenheit: Als Maßstab könnte die Performance der letzten fünf bis zehn Jahre dienen. Sie ist zwar keine Garantie für die Zukunft, doch eine einmal erreichte Kontinuität in der Vergangenheit spricht dafür, dass dies auch in der Zukunft so sein wird.*

✔ **2.** *Transparenz: Bekommen Sie genaue Angaben über die Verwendung Ihres eingesetzten Betrages? Welcher Anteil fließt direkt in den Fonds, welcher Anteil wird für Verwaltung und Kosten beansprucht?*

✔ **3.** *Risikoverteilung: Besteht die Möglichkeit für den Versicherten, je nach Risikofreudigkeit zwischen mehreren Aktien-, Renten- und Immobilienfonds zu wählen? Wenn Sie von der Versicherungsgesellschaft „gezwungen" werden, Ihr Geld nur einem bestimmten Fonds anzuvertrauen, sollten Sie das Angebot ablehnen.*

✔ **4.** *Kostenloses „Switchen": Können Sie während der Laufzeit ohne besondere Kosten den Fonds wechseln? Nur so ist gewährleistet, dass Sie Schwankungen am Kapitalmarkt zu Ihren Gunsten ausnutzen.*

✔ **5.** *Kostenlose Verlängerung: Kann der Versicherungsvertrag beitragsfrei um bis zu fünf Jahre verlängert werden – ohne erneute Gesundheitsprüfung? Nur so können Sie Ihre Fondsanteile zum richtigen Zeitpunkt zu Geld machen.*

Alles auf einen Blick

Werden diese fünf Punkte nicht zu Ihrer Zufriedenheit beantwortet, ist die fondsgebundene Lebensversicherung nur ein Geschäft für den Versicherer. Sie bleibt aber für Sie eine überlegenswerte Alternative, wenn die genannten Kriterien einer kritischen Überprüfung standhalten.

Recht, dass das eigene vorhandene Vermögen eine Anzahl von Jahren ausgezahlt wird. Dies soll dem Kunden Sicherheit vermitteln, seine Sterblichkeit verschleiern. Denn in dieser Garantiezeit zahlen die Anbieter die Privatrente auf jeden Fall. Die Länge ist frei wählbar, üblich sind fünf, sinnvoll, aber zu teuer sind 15 und maximal möglich sind 20 Jahre. Es soll eine Art Hinterbliebenenrente installiert werden. Dies kann der Familie nur als vorübergehendes Konstrukt für eine bestimmte Zeit helfen und ist keine echte Absicherung.

Worauf Familien beim Ablauftermin achten müssen

Die Kurse der Fondsanteile können beträchtlich schwanken. Das wiederum macht sich bei den Renditen eines Vertrages bemerkbar. Deshalb kann es sich lohnen, bei Ablauf nicht auf Barausschüttung zu bestehen, sondern die Naturalleistung, also die Übertragung der Fondsanteile auf ein eigenes Wertpapierdepot, zu wählen. Nach einem Börsentief können Sie in aller Regel darauf setzen, dass der Wert Ihrer Anteile wieder steigt. Die Versicherer verschicken etwa einen Monat vor Vertragsende Mitteilungen an den Inhaber der Fondspolicen. Darin wird dieser aufgefordert, von seiner Wahlmöglichkeit Gebrauch zu machen.

Übertragungen kosten Geld

Verlangt der Inhaber der Anteile nicht binnen eines Monats die Naturalleistung, zahlt die Versicherung das Guthaben bar aus. Die Übertragung kostet aber Gebühren. Sinnvoller ist deshalb die beitragsfreie Verlängerung des Vertrages. Die müssen Sie meist spätestens einen Monat vor Ablauf bei Ihrer Versicherung beantragen. Sie sind dann weiterhin versichert und können jederzeit ohne Stornoabzug kündigen, wenn die Kurse wieder gestiegen sind.

Familien haben durch Direktversicherung enorme Steuervorteile

Eine Pensionszusage ist nach Zusage und vor Eintritt des Versorgungsfalles zunächst einmal ein aufgeschobener bedingter Anspruch des Versorgungsberechtigten. Denn erst nach Ablauf von bestimmten Fristen wird diese Anwartschaft unverfallbar. Im Klartext: Diese Zusage bleibt auch dann bestehen, wenn der Arbeitnehmer vor Eintritt des Versorgungsfalles aus dem Unternehmen ausscheidet. Zudem ist die Unverfallbarkeit einer Pensionszusage einem Arbeitnehmer dann sicher, wenn dieser zum Zeitpunkt der Kündigung das 35. Lebensjahr vollendet hat.

Erst der Zufluss von Versorgungsbezügen löst eine Steuerpflicht aus

Des Weiteren muss die Versorgungszusage seit mindestens zehn Jahren bestanden haben oder aber der Arbeitnehmer hat dem Betrieb mindestens zwölf Jahre lang angehört und war auch gleichzeitig seit drei Jahren im Besitz der Zusage. Der Vorteil: Erst der tatsächliche Zufluss der Versorgungsbezüge löst eine Steuerpflicht aus. Im Klartext: Die Steuerbelastung verschiebt sich in die Rentenzeit, wobei hier dem Leistungsempfänger ein Freibetrag sowie auch regelmäßig geringere Steuern zugute kommen. Und dieser Steuervorteil der Pensionszusage ist natürlich um so höher, je niedriger die sonstigen zu versteuernden Einkünfte bei Erreichen der Altersgrenze sind.

Im Vergleich zu einer Pensionszusage, die durch eine Rückdeckungsversicherung finanziert wird, ist die Direktversicherung eine Art Lebensversicherung, die ein Arbeitgeber auf das Leben eines Arbeitnehmers abschließt und bei der der Arbeitnehmer oder dessen Hinterbliebenen hinsichtlich der versicherten Leistungen bezugsberechtigt sind. Sie unterliegt hierbei den arbeitsrechtlichen Vorschriften der Unverfallbarkeit ebenso wie die Pensionszusage, aber im Falle der Direktversicherung ist ein Versicherungsunternehmen Träger der Versorgungsleistung und nicht der Betrieb selbst wie bei der Pensionszusage. Der Betriebsinhaber stellt somit die betriebliche Altersversorgung auf eine sichere und außerbetriebliche Basis und vermeidet somit das Risiko eines außerplanmäßigen Aufwandes in Form eines vorzeitigen Versorgungsfalles. Der Arbeitnehmer hat hierbei gegenüber dem Arbeitgeber ein Recht auf diese Versicherung.

Für den Arbeitnehmer sind die Beiträge zu einer Direktversicherung Arbeitslohn

Die Verpflichtungen des Arbeitgebers beschränken sich bei der Direktversicherung im Wesentlichen auf die Entrichtung der Beiträge, die er dann auch als Betriebsausgaben steuerlich geltend machen kann. Für den Arbeitnehmer sind die Beiträge zu einer Direktversicherung dagegen Arbeitslohn. Insbesondere aber zeichnet sich die Direktversicherung dadurch aus, dass dieser Lohn im Rahmen von § 40 b EStG nur einer pauschalen Lohnsteuer von 20 Prozent (zuzüglich landesübliche Kirchensteuer sowie Solidaritätszuschlag) unterliegt. Allerdings sind für diese Pauschalbesteuerung einige Voraussetzungen zu erfüllen.

So darf die Direktversicherung im Erlebensfall nicht vor dem 60. Lebensjahr fällig werden. Zudem muss eine Abtretung, eine Verpfändung, eine Beleihung sowie eine vorzeitige Kündigung der Direktversicherung durch den Arbeitnehmer ausgeschlossen sein. Weiter gilt: Der Arbeitgeber muss die Beiträge direkt an den Versicherer überweisen, die Direktversicherung muss im Rahmen eines ersten Dienstverhältnisses gewährt werden; die Mindestdauer einer Direktversicherung muss fünf Jahre betragen. Empfehlenswert ist aber eine Vertragslaufzeit von mindestens zwölf Jahren, um dem Arbeitnehmer einen steuerfreien Zufluss der Leistungen zu garantieren. Sind diese Voraussetzungen gegeben, können jährlich bis zu 3 408 Mark Direktversicherungsbeiträge pauschal versteuert werden.

Der Arbeitnehmer profitiert von den steuerlichen Effekten

Neben den genannten Vorteilen für den Arbeitgeber profitiert vor allem der Arbeitnehmer von den steuerlichen Effekten. Denn die Pauschalbesteuerung bewirkt beim Arbeitnehmer gleichzeitig eine Ablösung der Spitzenbesteuerung sowie eine zusätzliche Alters- und Hinterbliebenenversorgung einschließlich einer Überschussbeteiligung, die ihm als steuerfreie Einnahmen zufließen. Übernimmt der Arbeitgeber sogar noch die fällige Pauschalsteuer, so bleibt bei der betrieblichen Altersversorgung in Form einer Direktversicherung netto wesentlich mehr übrig als bei einer Gehaltserhöhung.

Ein neuer Arbeitgeber kann die Versicherung weiterführen, wenn er die Versicherungsnehmereigenschaft übernimmt. Die Direktversicherung durch Gehaltsumwandlung ist deshalb arbeitsplatzunabhängig. Wird der Versicherungsbeitrag aus dem laufenden Gehalt finanziert, dann ist er ebenso wie der Barlohn im Rahmen der Beitragsbemessungsgrenze sozialversicherungspflichtig. Lediglich wenn die Beiträge aus so genannten regelmäßig wiederkehrenden Sonderzahlungen finanziert werden (etwa Gratifikation, Urlaubsgeld), sind sie sozialversicherungsfrei (also keine Beiträge für die gesetzliche Renten-, Kranken-, Pflege- und Arbeitslosenversicherung).

Exposé: Altersvorsorge-Sondervermögen-Fonds (AS-Fonds)

Bei AS-Fonds handelt es sich um Publikumsinvestmentfonds, die im Gesetz über die Kapitalanlagegesellschaften geregelt sind (§§ 37 h-m KAGG). Sie unterscheiden sich allerdings von anderen Fondsarten deutlich, denn die rechtliche Gestaltung folgt stets einem bestimmten Anlagezweck. Beim AS handelt es sich grundsätzlich um einen gemischten Wertpapier-/Immobilienfonds, der aber um spezielle Regelungen hinsichtlich des Anlageziels Altersvorsorge ergänzt wurde. Er kann aber auch Rentenpapiere enthalten.

Bei Investmentrente und AS-Fonds ist die Anlagedauer flexibel

Gemeinsames Merkmal beider Sparformen – Investmentrente und AS-Fonds – ist die flexible Anlagedauer. Diese kann jederzeit problemlos verlängert werden. Wer sein Geld kurzfristig benötigt, kann ohne Verlust kündigen. Auch die Beiträge sind variabel: Monatliche Sparbeträge lassen sich jederzeit erhöhen oder reduzieren. Ein Umschichten zwischen mehreren Fonds ist ebenfalls möglich. Nach Ablauf einer gewissen Anlagedauer wird dies sogar kostenlos angeboten bzw. erfolgt automatisch.

Altersvorsorge bedeutet langfristiger Vermögensaufbau. AS dürfen deshalb erwirtschaftete Beträge nicht ausschütten (Thesaurierungsgebot), sondern müssen diese wieder anlegen, um den Zinseszinseffekt zu nutzen. AS-Fonds stellen eine substanzwertorientierte Anlage dar (langfristiger Renditevorteil von Aktien gegenüber Rentenpapieren). Von daher schreibt das KAGG eine überwiegende Anlage in Substanzwerten vor:

- mindestens 51 Prozent in Aktien und Immobilien, Beteiligungen an Immobiliengesellschaften und offenen Immobilienfonds
- mindestens 21 Prozent, aber maximal 75 Prozent in Aktien und stillen Beteiligungen
- maximal 30 Prozent in Immobilien und offenen Immobilienfonds
- maximal 49 Prozent Liquidität (auch Geldmarktfonds)
- Einsatz von Derivaten wie Optionen; Futures nur zur Absicherung
- maximal 30 Prozent Fremdwährungsrisiko

Die ersten vier Punkte betonen den renditeorientierten Charakter von AS, wogegen die letzten beiden – wie auch die Obergrenze von 75 Prozent für Aktien und stillen Beteiligungen – der Risikobegrenzung dienen.

Die Kapitalgesellschaft muss dem Anleger einen Altersvorsorgesparplan anbieten

Ergänzend zum AS-Fonds ist die Kapitalgesellschaft (KAG) verpflichtet, dem Anleger einen Altersvorsorgesparplan anzubieten. Das KAGG schreibt hierfür eine Laufzeit von mindestens 18 Jahren oder bis zur Vollendung des 60. Lebensjahres vor. Der Anleger muss regelmäßig, mindestens aber jährlich, Einzahlungen leisten und erhält danach einen Auszahlungsplan mit oder ohne Kapitalverzehr. Der Anleger hat andererseits das Recht, den Sparplan vorzeitig zu kündigen. Auch kann er einen kostenlosen Umtausch der AS-Anteile in beliebige Anteile anderer Fonds der KAG verlangen. Dies ist etwa dann sinnvoll, um kurz vor dem Rentenalter das Anlagerisiko durch Tausch in Fonds mit geringer Aktienquote oder reine Rentenfonds zu reduzieren.

Fondserträge schneiden steuerlich gut ab

Steht die Auszahlung des angesparten Vermögens an, zeigen sich Fondsgesellschaften ebenfalls sehr flexibel. Je nach Wunsch werden entweder nur die Erträge der Fondsanlage ausgezahlt oder der Kapitalstock wird langsam abgebaut. Auch steuerlich schneiden Fondserträge gut ab. Da ein Großteil des Vermögenszuwachses aus steuerfreien Kursgewinnen stammt, fällt lediglich ein kleiner Teil der Rendite dem Fiskus zum Opfer. Neben einem Sparplan muss die KAG dem Anleger für die Zeit nach Ablauf des Sparplans einen Entnahmeplan anbieten, die konkrete Ausgestaltung ist gesetzlich nicht definiert und erfolgt durch die KAG. Die Vorteile der so konzipierten AS liegen also in der Transparenz und Einfachheit der privaten Altersvorsorge, die in besonderem Maße die wenig kapitalmarkterfahrenen Anleger anspricht.

Für eine hohe Transparenz sorgen die gesetzlich geregelten Anlagegrenzen, die Publikationspflichten für Publikumsfonds und die tägliche Fondspreisveröffentlichung. Der Anleger kann somit börsentäglich aus der Anzahl seiner AS-Anteile und dem Anteilspreis den aktuellen Vermögenswert seiner Altersvorsorge berechnen. Durch die einfache Handhabung des Instruments „Publikumsfonds" und die standardisierten Spar- und Entnahmepläne wird für das komplexe Thema Altersvorsorge eine einfache Problemlösung angeboten. Nachteilig ist dagegen die fehlende steuerliche Förderung, wie sie z.B. Lebensversicherungen bei einer Mindestvertragsdauer von zwölf Jahren genießen. Auch biologische Risiken (Tod, Unfall, Invalidität) sind im Gegensatz zu Lebensversicherungen bei AS nicht abgedeckt.

So plausibel AS als standardisierte Altersvorsorge sein mögen, so wenig überzeugend sind sie jedoch für Anleger, die ihre Vorsorge gerne selber steuern möchten und auf eine individuelle Lösung Wert legen. Denn AS bieten keine Anlagemöglichkeit, die nicht schon mit den bisherigen Fondstypen möglich wäre. Vielmehr gelten noch strengere Anlagegrenzen als bei anderen Wertpapierfonds, die aber nicht auf jeden Investor passen müssen. Hauptproblem der AS-Konzeption ist demnach die fehlende Ausrichtung an den individuellen Lebensumständen der Anleger.

Mit Fonds streut man das Risiko – und die Chancen

Doch es gibt noch einen anderen Weg, um an den Gewinnen der Börse teilzuhaben, ohne großen Zeitaufwand, ohne großen finanziellen Einsatz – und mit einem reduzierten Risiko. Diese Vorteile bieten Investmentfonds. Ihr Grundgedanke ist: Auch Menschen ohne dicken Geldbeutel sollen an Wertpapieren oder Immobilien verdienen können. Deswegen wird für diese in mehrere Papiere oder Objekte investiert, um das Risiko zu streuen.

Investmentfonds sind flexibel, sicherer als eine Direktanlage und bieten bei Wahl des richtigen Fonds auch eine attraktive Performance, also Wertentwicklung. Ein Fonds ist ein spezieller Topf, in den viele Anleger Geld einzahlen. Das Vermögen betreiben Investmentanlagegesellschaften, die den Status von Kreditinstituten besitzen und dem KAGG unterliegen. Daher ergeben sich auch die strengen Anlagegrundsätze, die das Prinzip der Risikostreuung wahren: Aktienfonds müssen einen Pool von 50 Aktien in ihrem Portfolio haben, dürfen aber beispielsweise nur maximal fünf Prozent des Fondsvermögens an einem Titel halten. Offene Immobilienfonds müssen mindestens zehn Objekte betreiben, wobei ein Neuerwerb 15 Prozent des Fondsvermögens nicht übersteigen darf.

Anleger kaufen nun mit einer einmaligen Summe oder mit regelmäßigen Spar-Raten eine bestimmte Anzahl von Fondsanteilen, korrekt Investmentzertifikate genannt. Dabei ist die Höhe des Ausgabekurses nur eine Frage der Stückelung und hat nichts mit Kursresultaten zu tun. Die Beträge sind mit 50 oder 75 Euro meist so klein, dass bequem ein Anteil gezeichnet werden kann. Ansonsten werden die Anteile verrechnet.

Bei Fonds kommt der Anleger stets an sein Geld

Üblich sind auch hier thesaurierende Fonds. Mit Ausnahme geschlossener Immobilienfonds unterliegen Fonds der Rücknahmeverpflichtung. Damit kommen die Anleger immer an ihr Geld, sind also stets liquide. Dafür müssen die Fondsgesellschaften ständig eine bestimmte Summe bereithalten.

Nicht gerade billig

Fondsmanager überlassen nur wenig dem Zufall. Auch bei den Gebühren halten sie gleich am Anfang der Geschäftsbeziehung die Hand mit einer Zugangsgebühr auf: mit Ausgabeaufschlägen von einem bis acht Prozent. Allerdings kosten die Ausgabeaufschläge der unterschiedlichen Fondsarten auch verschieden:

Geldmarktfonds:	maximal ein Prozent
Rentenfonds:	zwei bis vier Prozent
Offene Immobilienfonds:	meist fünf Prozent
Aktienfonds:	vier bis acht Prozent

Prinzipiell gilt: Je mehr Aktien, desto mehr Renditechancen

Beispiel: Sie wollen 10 000 Mark in einen Investmentfonds anlegen. Bei einem 5-prozentigen Ausgabeaufschlag legt die Fondsgesellschaft von Ihren 10 000 Mark nur 9 500 Mark an. Die Differenz zieht sie als Gebühr ein.

Weiterhin verdienen die Fondsgesellschaften gut durch die Verwaltungsgebühren – bis zu einem Prozent des Fondswertes im Jahr. In dieser Höhe liegt auch meist die Depotbankvergütung. Das sind die jährlich laufenden Kosten, die intern abgerechnet werden, also nicht in den Kontoauszügen ausgewiesen sind. Die genauen Kosten sind in den Verkaufsprospekten verzeichnet. Zudem wird eventuell eine Provision, sicher eine Bearbeitungsgebühr fällig, wenn man einen Fonds einer anderen Bank kaufen will.

Die Rendite von Altersvorsorge-Fonds kann heute noch nicht beurteilt werden. Sie sind zu kurz auf dem Markt, als dass die Fondsmanager ihre Qualitäten und ihr Können hätten ausspielen können. Deswegen berechnete die Zeitschrift Finanztest der Stiftung Warentest in den Anlagesektoren deutsche Aktien, Renten und Immobilienfonds anhand historischer Daten seit den 70er Jahren die Rendite nach. Die Finanzexperten filterten also rückwirkend die zu erwartenden Renditen der verschiedenen AS-Fonds heraus. Nach Kosten (durchschnittlich von einem bis 1,3 Prozent) ohne Steuern (es gilt der persönliche Steuersatz) ergeben sich so Renditen zwischen 8,4 und 6,3 Prozent.

Auch AS-Fonds sind Mischfonds – also keine innovativen Finanzprodukte

Die höchste Rendite versprechen AS-Fonds mit 75 Prozent Aktien und niedrigem Immobilienfondsanteil – allerdings auch das höchste Risiko. Ansonsten kann man sich für einen Aktienanteil von 70, 65, 60, 55, 51, 50, 45, 40 und 25 Prozent entscheiden. Dabei können die Altersvorsorge-Fonds Aktien aus Deutschland, Euro-Land, Europa oder der Welt enthalten. Der Anteil der Immobilienfonds in den Portfolios liegt zwischen Null und 30 Prozent, der von Anleihen zwischen fünf und 50 Prozent. Das vereinfacht die Wahl des individuell richtigen AS-Fonds nicht gerade.

Eine Liste aller Altersvorsorge-Fonds kann man anfordern beim Bundesverband Deutscher Investmentgesellschaften (BVI) in Frankfurt/Main

Telefon: 0 69/15 40 90-0

Fax: 0 69/15 40 90-2 38

oder im Internet abrufen: www.bvi.de unter BVI Aktuell

Die Bewertung von Mischfonds

Eigentlich ist an diesen Fonds nichts neu: Mischfonds gibt es schon lange. Die Bestandteile sind die alten, nur anders gemischt. Auch Ansparfonds und Auszahlungspläne sind gängige Instrumente. Allerdings haben AS-Fonds sozusagen einen gesetzlichen Puffer für die Sicherheit eingebaut. Deswegen sind sie ideal für Anleger, die sich nicht weiter um ihr Investment kümmern wollen.

Bei der Auswahl ist das eigene Lebensalter entscheidend. Ein alter Börsengrundsatz lautet: je jünger der Anleger, desto höher der Aktienanteil. Denn das Risiko nimmt mit der Laufzeit ab. Bei einer langfristigen Vermögensplanung sinkt also das Risiko der schwankenden Erträge.

Ein weiterer entscheidender Aspekt ist die persönliche Risiko-Einstellung. Prinzipiell ist hier, gerade für Börsen- oder Fonds-Anfänger, ein geringes Risiko geboten. Und das allemal für die eigene Altersvorsorge. Speziell, wenn diese nicht auf verschiedenen Bausteinen fußt.

Achten Sie auf vermögenswirksame Leistungen

Der besondere Tipp: Seit 1999 gelten für die Anlage vermögenswirksamer Leistungen neue Rahmenbedingungen. Aufgrund der neuen gesetzlichen Regelungen können Arbeitnehmer 1 736 Mark vermö-

Bitte beachten Sie:

- *Bei der Risiko-Lebensversicherung wird die Versicherungssumme nur fällig, wenn während der vertraglichen Laufzeit der Todesfall eintritt. Bei der Kapital-Lebensversicherung (oder auch gemischte LV) wird die Versicherungssumme entweder im Todesfall oder im Erlebensfall zum vereinbarten Zeitpunkt gezahlt. Versuchen Sie, den Effekt der Lebensversicherung auszunutzen, indem Sie eine Risiko-LV abschließen und die ersparten Beitragsteile nach Art einer LV in Geld- und Sachwerte anlegen.*
- *Bezugsberechtigter ist immer derjenige, der zur Entgegennahme der Versicherungssumme berechtigt ist.*
- *Der Versicherungsschutz beginnt stets nach Zahlung des ersten Beitrages, nach schriftlicher Vertragsannahme durch den Versicherer oder durch Aushändigung des Versicherungsscheines.*

genswirksame Leistungen zulagenbegünstigt anlegen. Sie setzen sich zusammen aus 800 Mark für Beteiligungstitel wie Aktienfonds und 936 Mark für Bausparen. Die Anlage in Beteiligungstitel wie Aktienfonds wird mit einer Sparzulage von 20 Prozent belohnt. Arbeitnehmer der neuen Bundesländer erhalten 25 Prozent für die nächsten sechs Jahre. Voraussetzungen: Die Einkommensgrenzen für die Sparzulage liegen bei 70 000 Mark zu versteuerndes Einkommen für Ehepaare. Fonds sind nur dann zulagenbegünstigt, wenn sie 60 Prozent und mehr Aktien halten.

Gerade Familien sollten die staatlichen Zuwendungen ausnutzen

Die Risiko-Lebensversicherung

Leistung: *Die Versicherungssumme wird im Todesfall an Hinterbliebene ausgezahlt. Beispiel: Bei 100 000 Mark Todesfall-Summe zahlen Männer (25 bis 40 Jahre) zirka 17 bis 35 Mark monatlichen Beitrag, Frauen (25 bis 40 Jahre) 13 bis 24 Mark. Wichtig für alle, die ihre Hinterbliebenen finanziell absichern wollen.*

Fazit: *Für Familien unverzichtbar!*

Risiko-Lebensversicherer zahlen im Todesfall des Versicherungsnehmers an die Hinterbliebenen. Die Höhe dieser Summe sollte sich nach dem individuellen Bedarf der Familie richten. Je kürzer die Laufzeit, desto niedriger der Beitrag. Trotzdem sollte zumindest der kritische Zeitraum sicher abgedeckt werden. Innerhalb von zehn Jahren kann die Risiko-Lebensversicherung auch in eine Kapital-Lebensversicherung umgewandelt werden. Wem es um diesen Schutz geht und wer kein Vermögen ansparen möchte, der trifft mit der wesentlich teureren Kapital-Lebensversicherung die falsche Entscheidung.

Anders als bei der Kapitalpolice gibt es bei Ablauf des Vertrages, dem Erlebensfall, keinen Pfennig zurück. Denn Risiko-Lebensversicherungen zielen nicht auf die Altersvorsorge ab und enthalten auch keinen Sparanteil. Dementsprechend deutlich billiger ist auch der Schutz zu haben. Für junge Familien, die jede Mark umdrehen müssen und langfristige Abzahlungsverpflichtungen eingegangen sind, ist eine Risikolebenspolice sicher eine gute Lösung. Das Gleiche gilt für Alleinerziehende, die nicht das Geld haben, in eine Altersvorsorge zu investieren, aber ihre Kinder trotzdem versorgt wissen wollen.

Selbstständige, die gar keine oder erst seit kurzem Beiträge in die gesetzliche Rentenversicherung einzahlen, können mit der Risiko-Lebensversicherung eventuelle Versorgungslücken für ihre Angehörigen preiswert schließen. Bei den vergleichsweise niedrigen Beiträgen lohnt es sich, den Schutz der Risiko-Lebensversicherung mit Zusatzverträgen auszubauen. Erste Wahl für Berufstätige ist die Berufsunfähigkeits-Zusatzpolice (BUZ) zur Risikoversicherung. Damit sind Sie auch dann abgesichert, wenn das Einkommen wegen Unfall oder Krankheit ausfällt. Risikoversicherung und BUZ zusammen sind etwa so teuer wie eine selbstständige Berufsunfähigkeits-Versicherung.

Die Absicherung, falls der Hauptverdiener ausfällt

Hohes Eintrittsalter kostet Geld

Grundsätzlich gilt: Fällt das Haupteinkommen aus, müssen Lebenspartner und Kinder so lange abgesichert werden, bis sie neben der mageren Rente aus der gesetzlichen Rentenversicherung selbst ein angemessenes Einkommen verdienen können. Für die Ermittlung der Versicherungssumme kann folgende Faustregel gelten: Sind noch kleine Kinder in der Familie, sollte das Fünffache, bei älteren Kindern in der Familie oder zur Versorgung der Ehefrau ohne Kinder das Drei- bis Fünffache des Bruttojahreseinkommens abgesichert werden.

Seien Sie nicht zu pingelig mit dem Risiko. Bei der Risiko-Lebensversicherung hängt der Jahresbeitrag nicht nur von der Höhe der Versicherungssumme und der Laufzeit des Vertrages ab, sondern richtet sich auch nach dem Eintrittsalter des Versicherten. Aus gutem Grund: Je älter der Versicherungsnehmer, desto höher ist auch das Todesfallrisiko. Wegen ihrer statistisch gesehen geringeren Lebenserwartung zahlen Männer immer mehr als Frauen. Wer dauerhaft krank ist, wird ebenfalls mit höheren Beiträgen zur Kasse gebeten. Falls man überhaupt einen Versicherer findet, der den Antrag annimmt. Nicht versichert wird meist, wer an schweren Herz-Kreislauf-Störungen, Krebs und Leberzirrhose leidet oder HIV-positiv getestet ist.

Wie immer: Beantworten Sie Gesundheitsfragen genau

Im Antrag fragt jede Gesellschaft nach dem Gesundheitszustand des Kunden. Bei Versicherungssummen ab 250 000 Mark oder einem Eintrittsalter ab 50 Jahren verlangen die meisten Versicherer noch eine zusätzliche ärztliche Untersuchung und einen Aidstest. Auch wer sich dieser – für Antragsteller meist kostenlosen – Prozedur nicht aussetzen muss, ist verpflichtet, die Gesundheitsfragen im Antragsformular ganz genau zu beantworten. Im Todesfall gibt es kein Geld, falls die Todesursache auf eine nicht angegebene Vorerkrankung zurückzuführen ist. Bei falschen Angaben kann der Versicherer innerhalb von drei Jahren ab Vertragsabschluss vom Vertrag zurücktreten.

Nennen Sie bei Vertragsabschluss Alkoholprobleme und ernste und chronische Krankheiten

Tritt der Versicherungsfall in dieser Zeit ein, besteht dieses Recht auch noch nach Ablauf der ersten drei Vertragsjahre. Selbst Details sind wichtig. Etwa die Frage, ob schon einmal Anträge abgelehnt worden sind. Denn viele Lebensversicherer sind an die vom Lebensversicherungsverband geführte „Mitteilungsstelle für Sonderwagnisse" angeschlossen. Sie geben Daten der Antragsteller bzw. der Versicherten über Prämienzuschläge, Ablehnungen, Kündigungen, Anfechtungen und Rücktritte an diese Stelle weiter und tauschen Angaben untereinander aus. Freie Bahn bekommen die Datensammler durch die Unterschrift ihrer Kunden auf dem Versicherungsvertrag.

Wer beim Abschluss einer Risiko-Lebensversicherung eine Alkoholerkrankung verschweigt, riskiert den Versicherungsschutz. So darf die Versicherung in diesen Fällen von einer arglistigen Täuschung ausgehen und daher den Vertrag anfechten (OLG Koblenz, Az. 10 U 714/96).

Wie Sie am besten am Überschuss teilhaben

Einem Versicherungsnehmer stehen bei der Überschussbeteiligung zwei Möglichkeiten zur Verfügung: Verrechnung oder Bonus. Doch was ist vorteilhafter? Hierzu sollten Sie zuerst bedenken: Versicherungsgesellschaften kalkulieren vorsichtig in Bezug auf ihre Beiträge. Von daher entstehen den Gesellschaften enorme Überschüsse. Diese wiederum müssen zu 90 Prozent an die Versicherungsnehmer ausgeschüttet werden. Aus diesem Grund bieten heute die meisten Gesellschaften Überschussbeteiligungs-Systeme an, bei denen ihre Kunden die höheren Prämien nur noch auf dem Papier bezahlen.

Die Beitragsverrechnung senkt die Prämie

Wenn Sie die Beitragsverrechnung wählen, wird Ihnen der voraussichtliche Überschuss gleich von der Prämie abgezogen mit der Folge, dass Sie gleich zu Anfang einen niedrigeren Beitrag für eine fest vereinbarte Versicherungssumme zahlen. Wählen Sie hingegen den Todesfallbonus, kann hierdurch die jeweilige Versicherungssumme erhöht, d.h. verdoppelt werden. Die Begünstigten erhalten also im Todesfall die doppelte Versicherungssumme. Die erste Variante ist in den meisten Fällen die günstigere. Allerdings ist es Versicherungsunternehmen nur erlaubt, die Höhe ihres Überschusses für jeweils zwei Jahre im Voraus zu garantieren, was wiederum zur Folge hat, dass sich bei der Beitragsverrechnung alle zwei Jahre die Höhe der Prämie ändert.

Fragen Sie nach einem Risiko-Zusatzvertrag

Die meisten Gesellschaften bieten heute die Beitragsverrechnung an, viele zusätzlich den Todesfallbonus und noch andere Variationen wie die verzinsliche Ansammlung. Beim Vergleich aller Systeme untereinander ist die Beitragsverrechnung für die Versicherungsnehmer die beste Wahl, da sie hier keine überhöhten Beiträge zahlen und von Anfang an mit einer festen Auszahlungssumme rechnen können. Falsch beratene Kunden jedoch, die bereits eine Kapital-Lebensversicherung mit niedriger Versicherungssumme abgeschlossen haben, sollten ihren Vertreter nach einem Risiko-Zusatzvertrag fragen. Damit zahlt die Gesellschaft im Todesfall immerhin bis zum Dreifachen der vereinbarten Versicherungssumme aus der Kapital-Lebensversicherung an die Angehörigen.

Die Absicherung von Bausparern und Kreditnehmern

Familien mit hoher Hypothekenbelastung sollten sich mit einer Risiko-Lebensversicherung des Hauptverdieners absichern

Sparkassen, die Kredite absichern wollen, verlangen von ihren Kunden nicht selten den Abschluss besonderer Policen – vorzugsweise aus dem eigenen Hause. Der Kreditnehmer wird dann neben den Zinsen auch noch mit hohen Prämien für die Kapital-Lebensversicherung zur Kasse gebeten. Das muss nicht sein: Eine normale Risiko-Lebensversicherung genügt bei Krediten völlig, um ein Todesfallrisiko abzudecken. Die Bausparkassen machen es vor: Sie empfehlen Bausparern, die ein Darlehen in Anspruch nehmen, häufig den Abschluss einer solchen Police. Die Risiko-Lebensversicherung zahlt dann im Todesfall das Darlehen auf einen Schlag zurück. Die Bausparkasse bekommt ihr Geld, die Angehörigen werden nicht auch noch mit Schulden belastet.

Vorteil der Bauspar-Risikolebensversicherung: Die Versicherungssumme für den Todesfall wird gerade so hoch abgeschlossen wie das aufgenommene Darlehen. In der Weise, wie das Darlehen nunmehr schrittweise abgezahlt wird, sinkt in diesem Fall auch die Versicherungssumme, was zwangsläufig zu einer Neuberechnung der Beiträge führt, da auch die Versicherungssumme während der Vertragslaufzeit schrittweise sinkt. Der monatliche Aufwand an Beiträgen wird somit von Jahr zu Jahr geringer. Aber Achtung: Relativ gesehen reduzieren sich die monatlichen Prämien nicht in dem Maße wie die Versicherungssumme. Der Grund: die Berücksichtigung des Lebensalters beim Versicherten. Dies wiederum verteuert den Versicherungsschutz, weil mit zunehmendem Alter auch das Todesfallrisko wächst.

Für diesen Fall sind Direktversicherer vorzuziehen, denn Kunden zahlen hier erheblich weniger. Wer sich selbst um eine Police kümmern will, sollte sich einen genauen Tilgungsplan aufstellen lassen, der für das Darlehen jeweils die Restschuld am Jahresende angibt. Damit lassen sich dann vergleichbare Angebote einholen. Bausparer und Kreditnehmer sollten jedoch, bevor sie eigens zur Absicherung für das Darlehen eine Versicherung abschließen, prüfen, ob nicht schon eine vorhandene Kapital- oder Risikopolice zu diesem Zweck ausreicht. Dann müssen die Ansprüche aus dem vorhandenen Vertrag an den Kreditgeber abgetreten werden.

Vorteile der Direktversicherer

Direktversicherer kommen in aller Regel ohne teuren Außendienst aus, was sich aufgrund der Provisionseinsparungen deutlich auf die monatlichen Versicherungsbeiträge auswirkt. Dafür ist in einigen Fällen der Versicherungskunde beim Ausfüllen des Versicherungsantrages oder nach einem Unfall auf sich selbst gestellt. Um sicher zu gehen, sollte von daher stets vor der Abgabe des Versicherungsantrages nachgehakt werden. Völlig unproblematisch ist hingegen der Abschluss einer Risiko-Lebensversicherung bei einem Direktversicherer. Denn im Gegensatz zu vielen anderen Versicherungsarten ist hier der Versicherungsfall eindeutig.

Darauf sollten Familien besonders achten

Verlassen Sie sich nicht auf den Staat

Die Sozialversicherung zahlt eine Rente an die Witwe oder den Witwer, an einen früheren Ehegatten und an Waisen. Voraussetzung ist allerdings, dass der Rentenversicherte vorher wenigstens 60 Monate lang Beiträge in den Topf der gesetzlichen Rentenversicherung gezahlt hat. Die Höhe der Rente richtet sich danach, ob die Hinterbliebenen in der Lage sind, ein eigenes Einkommen zu verdienen. Deshalb gibt es die Waisenrente bis zum Ende der Ausbildung, höchstens aber bis zum 27. Lebensjahr, die Witwen- oder Witwerrente in voller Höhe nur in den ersten drei Monaten.

Waisenrente gibt es höchstens bis zum 27. Lebensjahr

Danach wird nur eine so genannte kleine Rente gezahlt. Ist der überlebende Ehegatte über 45 Jahre alt, erwerbs- oder berufsunfähig oder muss er ein Kind versorgen, erhält er eine höhere Rente. Weil die Hinterbliebenenrente allerdings in jedem Fall mit dem aus anderen Quellen erzielten Einkommen – auch mit anderen Renten – verrechnet wird, fallen die staatlichen Zuwendungen meist sehr mager aus.

Schätzen Sie Ihren Bedarf ab

Passen Sie den Schutz an, wenn sich die Familie vergrößert

Fällt das Haupteinkommen aus, müssen Lebenspartner und Kinder so lange abgesichert werden, bis sie neben der Sozialrente schließlich selbst ein angemessenes Einkommen nach Hause bringen. Erste Anhaltspunkte liefert ein Kassensturz: Vom Monatseinkommen plus Vermögenswerten und voraussichtlichen Einnahmen aus Betriebspensionen, Witwen- und Waisenrente sowie Bafög werden Schulden und Belastungen abgezogen. Der Saldo ergibt den Bedarf pro Monat. Daher der Tipp: Passen Sie den Schutz an, wenn sich der Bedarf erhöht, weil sich z. B. die Familie vergrößert.

Die Überschussbeteiligung

Die Gesellschaften müssen ihre Kunden an den Überschüssen, die sie wegen der vorsichtigen Beitragskalkulation erzielen, beteiligen. Unter den vier angebotenen Beteiligungssystemen spielt bei günstigen Anbietern die Beitragsverrechnung die größte Rolle. Bei dieser Variante werden die Überschüsse gleich mit dem Beitrag verrechnet: Sie zahlen also eine geringe Prämie. Tarife, bei denen die Überschüsse verzinslich angesammelt und am Ende der Laufzeit ausgezahlt werden, sind unter dem Strich teurer, die Verzinsung ist oft wenig attraktiv. Daher die Überschüsse besser gleich mit dem Beitrag verrechnen lassen, als jahrelang auf die Auszahlung am Ende der Laufzeit warten zu müssen.

Kein Vertrag für zwei

Das Risiko der Berufsunfähigkeit sollten Berufsanfänger auf jeden Fall absichern

Bei einigen Gesellschaften lassen sich auch zwei oder mehr Personen über einen Vertrag absichern. Der Vertrag „auf zwei verbundene Leben" ist günstiger als zwei einzelne Policen. Der Haken bei der Paar-Police: Obwohl zwei oder mehr Personen versichert sind, zahlt der Versicherer die vereinbarte Summe nur einmal aus, nämlich beim Tod eines der beiden Vertragspartner. Wer eine Paar-Police abschließt, muss zudem auf den Schutz einer Berufsunfähigkeits-Zusatzversicherung (BUZV) verzichten. Daher der Tipp: Das Risiko der Berufsunfähigkeit sollten Berufsanfänger unter allen Umständen absichern.

Die Vertragslaufzeit

Wenn Sie kleine Kinder haben, sollten Sie eine entsprechend lange Vertragslaufzeit wählen. Denn mit dem Lebensalter steigt auch das Risiko der Berufsunfähigkeit. Die maximale Laufzeit des Vertrages beträgt je nach Versicherungsunternehmen zwischen 25 und 35 Jahre. Je älter Sie werden, desto teurer wird auch die Risiko-Lebensversicherung. Wenn Sie mit 40 eine Risiko-Lebensversicherung abschließen, zahlen Sie ein gutes Drittel mehr als ein 30-Jähriger.

Umtauschrecht

Jede einmal abgeschlossene Risikoversicherung lässt sich bis zum Ende des zehnten Versicherungsjahres in eine Kapital-Lebensversicherung umwandeln. In diesem Zusammenhang wird von den Versicherungen auf eine neue Gesundheitsprüfung verzichtet, allerdings nur dann, wenn keine weiteren Zusatzversicherungen vereinbart werden und die Versicherungssumme gleich bleibt. Die Gesundheitsprüfung unterbleibt auch für den Fall, dass die Versicherungssumme gesenkt wird. Wer sein Umtauschrecht in Anspruch nimmt, sollte jedoch bedenken: Umtauschen kann zum einen nur derjenige, der das von vornherein beantragt hat (beitragsfreie Umtauschoption). Der Antrag muss drei Monate vor Vertragsablauf erfolgen. Zum anderen wird die Höhe der Prämie infolge des neuen Eintrittsalters neu berechnet. Wer also wegen Krankheit mit Prämienzuschlägen oder gar mit einer Antragsablehnung rechnen muss, für den ist diese Alternative allemal lohnenswert.

Beim Umtausch wird die Höhe der Prämie neu berechnet

Der Berufsunfähigkeits-Zusatzvertrag

Berufsunfähigkeits-Zusatzversicherungen sind teuer. Nicht jedoch in Verbindung mit einer Risiko-Lebensversicherung. Beide zusammen kosten in etwa soviel wie eine eigene Berufsunfähigkeitsversicherung. Vorteil: Für Familien ist eine Ansparung ihrer Altersvorsorge über eine Kapital- oder Rentenversicherung meist nicht mehr sinnvoll. Die Kombination mit der Risiko-Lebensversicherung ist jedoch in allen Fällen günstiger als der Abschluss einer selbstständigen Versicherung. Gerade wenn man nicht auf einen hohen Todesfallschutz angewiesen ist, lassen sich auf diese Weise Versicherungssumme und Preis der Risiko-Lebensversicherung auf die unterste monatlich zu zahlende Beitragsgrenze drücken.

Weiterer Vorteil: 48 Prozent der Versicherungssumme aus der Risikoversicherung dürfen als Jahresrente abgesichert werden! Wer hier mit einer Versicherungssumme von 75 000 Mark abschließt, sichert sich damit bereits eine monatliche Rente von 3 000 Mark. Reichen die im Alter erworbenen Rentenansprüche für den Fall der Berufsunfähigkeit hingegen aus, lässt sich die BUZV problemlos jährlich kündigen, die Risiko-Lebensversicherung läuft weiter.

Aber Achtung: Befindet sich der Versicherungsnehmer in den letzten fünf Vertragsjahren, dann können Haupt- und Zusatzversicherung nur noch zusammen gekündigt werden.

Die Unfall-Zusatzversicherung

Individuell lohnenswert ist der Zusatzschutz aus einer Unfallversicherung. Verstirbt der Versicherungsnehmer an den Folgen eines Unfalls, kann hierdurch die Versicherungssumme der Risiko-Lebensversicherung vervielfacht werden. Dabei darf der Unfall jedoch höchstens ein Jahr zurückliegen. Wird die Versicherungssumme infolge eines Unfalls zum Beispiel verdoppelt, verteuert sich allerdings auch der monatlich zu zahlende Beitrag.

In jedem Fall: nach den familiären Verhältnissen ausrichten

Bei der Risiko-Lebensversicherung ist eine hohe Absicherung für einen günstigen Preis möglich

Die Risiko-Lebensversicherung ist für den Hauptverdiener in der Familie, Alleinstehende mit Kind(ern) und Häuslebauer unverzichtbar. Und dabei so günstig, dass sich auch junge Familien mit kleinem Budget eine empfehlenswerte hohe Absicherung leisten können. Denn im Unglücksfalle muss die Familie oder der nicht arbeitende Partner einige Zeit von dieser Kapitalsumme leben können und versorgt sein. Eine hohe Auszahlung im Todesfall ist besonders für junge Familien wichtig: wenn der Partner nicht gleich wieder arbeiten kann, weil kleine Kinder zu versorgen sind und zudem lange Ausbildungszeiten finanziert werden sollen. Deswegen sollte man eine Risiko-Lebensversicherung gleich bei Gründung der Familie abschließen. Denn es gilt: schon vom ersten Versicherungstag an ist die Versicherungssumme garantiert.

Die Höhe der nötigen Versicherungssumme sollte auf die persönlichen familiären Bedürfnisse ausgerichtet sein. 1998 betrug die durchschnittliche Versicherungssumme 122 000 Mark. Das ist aber zu wenig. Deswegen die Empfehlung: Für eine Familie mit kleinen Kindern setze man das vier- bis fünffache, für Familien mit größeren Kindern oder für nicht berufstätigen Ehe- oder Beziehungspartner das dreifache Bruttojahreseinkommen an. In absoluten Zahlen ausgedrückt: Paare, bei denen einer nicht versicherungspflichtig tätig ist, sollten eine Versicherungssumme von etwa 200 000 Mark wählen, Paare mit Kindern 400 000 Mark. Die Standard-Deckungssumme von 100 000 Mark ist für keine Lebenssituation ausreichend.

Ein Laufzeitende mit 50 bis 55 Jahren ist meist die richtige Wahl

Neben der Höhe der Versicherungssumme ist beim Abschluss einer Risiko-Lebensversicherung auch die Laufzeit festzulegen. Für die meisten Menschen dürfte ein Laufzeitende der Risiko-Lebensversicherung mit 50 bis 55 Jahren die richtige Wahl sein. In diesem Lebensalter sind die Kinder meist aus dem Haus, hat man akzeptable Rentenansprüche gesammelt und zudem ein mehr oder weniger großes Vermögen angesammelt.

Eine Risiko-Lebensversicherung können Sie ruhig bei einem günstigen Anbieter abschließen. Die Leistungen sind identisch. Uneingeschränkt empfehlenswert ist die Kombination der Risiko-Lebensversicherung mit einer privaten Berufsunfähigkeits-Zusatzversicherung (BUZV). Und hierbei gilt sogar: Das Doppel ist meist billiger als die Einzelpolicen zu haben.

Eine spezielle Form der Risiko-Lebensversicherung ist die so genannte Restschuldversicherung. Sie sichert Kredite zur Existenzgründung oder zum Hausbau ab. Wird ein Haus oder eine andere große Anschaffung finanziert, so empfiehlt sich der Abschluss einer solchen Versicherung, damit der Partner nicht allein die Tilgung des Darlehens zu leisten hat.

Bei sinkendem Finanzierungsbedarf ist eine fallende Risiko-Lebensversicherung sinnvoll – und günstig

Empfehlenswert ist hier eine absteigende Versicherungssumme, die zudem bis zu 50 Prozent preiswerter als eine gleich bleibende Risikopolice ist. Anfänglich wird eine hohe Versicherungssumme abgedeckt, die im Laufe der Zeit immer niedriger wird, parallel zur Tilgung des Kredits oder der Hypothek.

Die Versicherung sollte beim Kauf oder Bau eines Hauses oder einer Wohnung abgeschlossen werden – oft fordern dies auch Banken und Bausparkassen für den Fall, dass der Kreditnehmer stirbt. Es empfiehlt sich aber, die Angebote für diese Versicherungsform direkt bei der Baufinanzierung genau zu prüfen. Sie sind meistens teurer als die sonst üblichen Konditionen. Für eine maßgeschneiderte Risiko-Lebensversicherung braucht die Versicherungsgesellschaft umfassende Informationen über Restschuld, Zins-, Tilgungssatz und weitere finanzielle Verpflichtungen. Aber nicht nur für Häuslebauer ist eine Restschuldversicherung sinnvoll. Auch ist die fallende Risiko-Lebensversicherung, im Gegensatz zur gleichbleibend hohen Versicherungssumme, die richtige Wahl für Familien. So ist die Höhe der Versicherungssumme dem sinkenden Finanzbedürfnis der Familienmitglieder angepasst und man kann dadurch am Beitrag sparen.

Übrigens sind Risiko-Lebensversicherungen jederzeit kündbar. So kann die Versicherungssumme und damit die Prämie korrigiert werden. Und außerdem sollten Sie beachten: Der Todesfallschutz über eine Kapital-Lebensversicherung kostet zehn- bis zwanzigmal (!) mehr als bei einer Risiko-Lebensversicherung.

Der Berufsunfähigkeits-Schutz

Leistung: *Wer durch einen Unfall oder eine Krankheit seine Arbeitskraft verliert, kann kein Geld mehr verdienen. Dann erhalten Sie eine monatliche Rente. Beiträge für Frauen zwischen 25 bis 40 Jahren: zirka 60 Mark.*

Tipp: *Günstiger ist ein Berufsunfähigkeits-Schutz als Zusatz zur Risiko-Lebensversicherung.*

Fazit: *Sichert die eigene Existenz.*

Die beste und konsequenteste Versicherung zur Abdeckung von Einkommensverlusten durch Invalidität ist die Berufsunfähigkeitsversicherung. Das Risiko einer Berufsunfähigkeit unterschätzen jedoch erstaunlich viele Bundesbürger; vor allem in den ersten Phasen des Berufslebens bestehen erhebliche Versorgungslücken. Nach Erfahrungen von Fachanwälten lässt sich in keiner Assekuranzsparte so viel herausholen wie in der Unfallversicherung. Kein Wunder: Nur wenige Prozentpunkte entscheiden über Invaliditätsgrade – und damit über sehr viel Geld.

Ähnlich wie die gesetzliche Unfallversicherung bietet Ihnen die Berufsunfähigkeitsversicherung für den Fall Versicherungsschutz, dass Sie als Versicherter infolge Krankheit, Körperverletzung oder Kräfteverfalls dauernd bis zu einem gewissen Grad außerstande sind, Ihren Beruf oder eine Tätigkeit auszuüben, die Ihrer Ausbildung entspricht und gleichwertige Fähigkeiten und Kenntnisse voraussetzt. Während sich die Unfall-Invaliditätsversicherung nur auf äußere Ursachen erstreckt, deckt die Berufsunfähigkeitsversicherung innere und äußere Ursachen. Sie können die Berufsunfähigkeitsversicherung entweder als selbstständige Versicherung oder als Zusatz zu einer Lebensversicherung abschließen.

Der Hauptverdiener sollte die Familie durch eine Berufsunfähigkeitsversicherung absichern

Denken Sie dabei aber nicht nur an das Tagegeld. Viele Menschen wissen merkwürdigerweise überhaupt nicht, gegen was sie alles versichert sind. In der Unfallversicherung zählt es zu den beliebtesten Übungen der Vertreter, den Kunden überflüssige Tagegeldpolicen unterzujubeln. Ein Kästchen im Antrag ist schneller angekreuzt, als so mancher Kunde denkt. Vor allem vom Vertreter. Prüfen Sie deshalb, ob Sie schon entsprechende Versicherungen haben, und versäumen Sie nach einem Unfall nicht, überall Ihre Ansprüche geltend zu machen. Denken Sie dabei beispielsweise an Ihre Kreditkarte, Ihren Sportverein oder Ihren Arbeitgeber. Oft besteht auch hier eine Unfallversicherung mit Anspruch auf Tagegeld.

Die selbstständige Berufsunfähigkeitsversicherung bietet Ihnen Versicherungsschutz für den Fall, dass eine Berufsunfähigkeit von mindestens 50 Prozent eintritt. Die Leistungen sind auf den Zeitraum der normalen Arbeitstätigkeit begrenzt; das Problem der Altersvorsorge sollten Sie deshalb unabhängig von der Berufsunfähigkeitsversicherung regeln. Hierbei ist von Folgendem auszugehen: Die Beiträge für die BUV sind vorsichtig kalkuliert, da noch keine langjährigen Erfahrungen vorliegen.

Normalerweise werden daher Überschüsse entstehen, die im Rahmen der Überschussbeteiligung an die Versicherungsnehmer zurückfließen. Sollte gleichwohl durch außergewöhnliche Ereignisse eine unvorhersehbare Häufung von Versicherungsfällen eintreten, hat die Gesellschaft mit Genehmigung des Bundesaufsichtsamtes das Recht, auch für bestehende Versicherungen die Beiträge zu erhöhen. Als Versicherungsnehmer haben Sie in diesem Fall ein außerordentliches Kündigungsrecht. Die Beiträge sind nicht dynamisiert, weshalb eine Anpassung des Vertrages je nach Einkommensentwicklung bzw. Inflation erforderlich sein kann. Eine gewisse Dynamik der Rentenleistungen ergibt sich aus der Gewinnbeteiligung.

Die BUZV wird von den meisten Lebensversicherungen angeboten

Soweit bereits eine Lebensversicherung besteht, ist es im Allgemeinen ratsam, mit ihr zusammen eine Berufsunfähigkeits-Zusatzversicherung (BUZV) abzuschließen. Einziger Nachteil: Die Versicherungssumme (Jahresrente) einer BUZV darf 48 Prozent der Lebensversicherungssumme nicht überschreiten und ist außerdem an die Laufzeit des Hauptvertrages gekoppelt. Für eine Kündigung gelten deshalb besondere Bedingungen. Die BUZV bietet für den Versicherer verwaltungs- und risikomäßig gewisse Vorteile; die Prämien liegen aus diesem Grund rund 30 Prozent niedriger als es bei selbstständigen

Verträgen der Fall ist. Die BUZV wird von fast allen Lebensversicherern angeboten.

Bei den meisten Gesellschaften ist es auch möglich, eine BUZV zusammen mit einer Risiko-Lebensversicherung abzuschließen. Im Übrigen sind folgende Variationen möglich:

Es gibt verschiedene Kombinationen von BUZV und Risiko-Lebensversicherung

- **BUZV auf Kapitalleistung:** Im Versicherungsfall wird die vereinbarte Summe auf einmal bezahlt; gleichzeitig erlischt der gesamte Vertrag einschließlich der Hauptversicherung auf den Todesfall. Es kann aber auch eine mehrjährige Rentenzahlung und – im Fall der anhaltenden Berufsunfähigkeit – eine abschließende Kapitalleistung vereinbart werden.
- **BUZV auf Prämienbefreiung:** Der Versicherungsnehmer wird von der weiteren Prämienzahlung freigestellt.
- **BUZV auf Prämienbefreiung und Rentenzahlung:** Bei Berufsunfähigkeit wird dem Versicherungsnehmer neben der Prämienbefreiung eine Rente bis zur Fälligkeit der Versicherungssumme aus dem Hauptvertrag (Tod oder Ablauf) gewährt.

Bei dynamischen Lebensversicherungen kann auch die BUZV dynamisiert werden. Die Beitragserhöhung bewirkt dann eine Anpassung der Versicherungsleistungen ohne erneute Gesundheitsprüfung. Die Berufsunfähigkeitsversicherung ist deshalb eine ideale Ergänzung zur gesetzlichen Unfallversicherung. Denn die soziale Hängematte ist keineswegs mehr so dicht gewebt. Ohne persönliche Vorsorge wird eine Frühinvalidität als Folge von Unfall oder Krankheit meist auch zum finanziellen Desaster, weil die gesetzlichen Renten alles andere als auskömmlich sind.

Wogegen Familien gesichert sind

Die gesetzliche Rentenversicherung reicht nicht aus

Die meisten Bürger fürchten sich heutzutage vor allem vor den finanziellen Einbußen infolge des Verlustes der Arbeitskraft. Die gesetzliche Rentenversicherung kann für die Erhaltung des Lebensstandards nicht mehr aufkommen, denn gerade Berufseinsteiger, Freiberufler und Selbstständige erhalten in den meisten Fällen keine Rente über die Sozialversicherung. Voraussetzung hierfür ist eine Einzahlung von Pflichtbeiträgen für mindestens 36 Monate innerhalb der vergangenen fünf Jahre vor Antragstellung auf eine Berufsunfähigkeitsrente. Zudem wird eine Rente aus der gesetzlichen Unfall- oder Rentenversicherung nur bei Arbeits- und Wegeunfällen gezahlt. Einen wichtigen Baustein bietet hier die private Berufsunfähigkeitsversicherung – natürlich nur dann, wenn diese auch richtig kombiniert und auf die individuellen Bedürfnisse zugeschnitten ist.

Eine Unfallversicherung deckt nur einen relativ kleinen Bereich ab

Wer glaubt, mit einer privaten Unfallversicherung ausreichend gegen das Risiko einer Berufsunfähigkeit geschützt zu sein, der irrt gewaltig. Denn nur in den seltensten Fällen sind Unfälle die Ursache für eine frühzeitige Berufsunfähigkeit. Ein Unfall beinhaltet jedoch keineswegs die heute so gefährlichen Risikofaktoren wie Stress, Bluthochdruck oder mangelnde Bewegung. Und genau diese Faktoren sind bei der Unfallversicherung ausgeschlossen! Von daher können Krankheit oder Unfall, also alle Faktoren, die eine berufliche Laufbahn beenden, auf zweierlei Weise abgesichert werden:

- **Die selbstständige Berufsunfähigkeitsversicherung:** Der Abschluss sichert im Falle einer Berufsunfähigkeit nicht nur die Rente, der Versicherungsnehmer wird auch von der Beitragszahlung freigestellt.

- **Die Berufsunfähigkeits-Zusatzversicherung (BUZV):** Diese wird zusammen mit einer Kapital-, einer Risiko- oder einer fondsgebundenen Lebensversicherung abgeschlossen. Auch für diesen Fall kann eine Rente bzw. Beitragsfreistellung vereinbart werden.

Unter den heutigen Bedingungen ist zusätzlich auch noch das Pflegefallrisiko abgesichert. Dies bedeutet: Ist der Versicherte pflegebedürftig und deshalb berufsunfähig, wird er beitragsfrei und erhält – in Abhängigkeit von der jeweiligen Pflegestufe – eine regelmäßige Rente.

Private und gesetzliche Rentenversicherung sind nicht gleichzustellen

Wichtig: Die Rente aus der privaten Berufsunfähigkeitsversicherung ist nicht gleichzusetzen mit der Rente aus der gesetzlichen Rentenversicherung. In beiden Fällen gelten ganz andere Voraussetzungen! Auch bedeutet die Anerkennung einer Berufsunfähigkeit in der Sozialversicherung nicht gleichzeitig deren Gültigkeit für den privaten Versicherungsschutz. Denn als berufsunfähig gilt der Versicherungsnehmer hier erst dann, „wenn er den ärztlichen Nachweis führen kann, dass er infolge Krankheit, Körperverletzung oder Kräfteverfalls voraussichtlich dauernd außerstande ist, seinen zuletzt ausgeübten

Beruf oder einen – später näher zu bestimmenden – Vergleichsberuf auszuüben". Somit ist also eine rentenbewilligende Entscheidung eines Sozialversicherungsträgers für den privaten Versicherungsschutz in keiner Weise maßgebend.

Der Grad der Berufsunfähigkeit orientiert sich an den vorhandenen gesundheitlichen Fähigkeiten

Vielmehr wird von der Versicherung ein Arzt bestellt, dessen Aufgabe es ist zu ermitteln, welche Tätigkeiten nicht mehr oder nur noch eingeschränkt ausgeübt werden können. Damit orientiert sich der Grad der Berufsunfähigkeit stets an den noch vorhandenen gesundheitlichen Fähigkeiten, eine bestimmte Arbeit aufzunehmen. Die Frage nach der Berufsunfähigkeit ist letztendlich aber nicht nur an medizinische Befunde gekoppelt, da auch ein Arzt nicht in allen Fällen die Prognose einer „voraussichtlich dauernden" – d.h. mindestens drei Jahre anhaltenden – Berufsunfähigkeit treffen kann. Vielmehr muss der Versicherungsnehmer mindestens sechs Monate ununterbrochen außerstande sein, einer Berufstätigkeit nachzugehen. Erst danach gilt dieser Gesundheitszustand als anhaltend; dem Versicherten wird Berufsunfähigkeit zuerkannt.

Allerdings gelten „nur noch eingeschränkt leistungsfähige" Arbeitnehmer nicht automatisch als erwerbsunfähig, wenn sie wegen ihrer Behinderung keine Arbeit mehr finden (Bundessozialgericht Kassel, Az. GS 1/95). Vielmehr kann eine Erwerbslosenrente nur für den Fall beansprucht werden, wenn keine entsprechenden Arbeitsplätze mehr vorhanden sind. Stattdessen reicht es in keinem Fall aus, wenn ein Arbeitssuchender nur deshalb keine Stelle mehr findet, weil diesem gegenüber gesunde Arbeitnehmer vorgezogen werden. Für die Rentenversicherung, die für Erwerbslose aufkommt, ist also die tatsächliche Arbeitsmarktlage unerheblich. Entscheidend ist vielmehr, ob es grundsätzlich volle Stellen für eingeschränkt arbeitsfähige Menschen gibt. Ist dies der Fall, dann muss bei Arbeitslosigkeit die Arbeitslosenversicherung zahlen.

Je qualifizierter der Beruf, desto seltener die Verweisung

Diese zeitliche Spanne ist nur eine Hürde, die die Gesellschaften vor die Anerkennung der Berufsunfähigkeit gesetzt haben. Eine andere ist die so genannte Verweisungsklausel: Es reicht nämlich nicht allein aus, dass der Versicherte nicht mehr in seinem zuletzt ausgeübten Beruf arbeiten kann. Es wird außerdem geprüft, ob er noch Tätigkeiten nachgehen kann, die er aufgrund seiner Ausbildung und Erfahrung ausüben könnte und die seiner bisherigen Lebensstellung entsprechen. Erst wenn auch eine so genannte Vergleichstätigkeit ausgeschlossen werden kann, gilt der Versicherte als berufsunfähig im Sinne der Versicherungsbedingungen. Der Vergleichsberuf darf nicht spürbar mit einem wirtschaftlichen oder sozialen Abstieg des Versicherten verbunden sein.

Zumutbar ist laut Rechtsprechung eine Einkommensminderung von 30 Prozent. Die Verweisungsmöglichkeit kann abstrakt geprüft werden. Dabei spielen weder die Arbeitsmarktlage noch die tatsächlichen persönlichen Umstände des Betroffenen eine Rolle. Von dieser Regelung machen auch die wenigsten Versicherer keine Ausnahme, die eine BU bereits anerkennen, wenn der Versicherte voraussichtlich sechs Monate außerstande ist, zu arbeiten. Wird ein Vergleichsberuf gefunden, in dem der Versicherungsnehmer noch arbeiten kann, wird auch nach diesen verbraucherfreundlicheren Bedingungen verwiesen.

Von einer Verweisung ausgenommen sind bei wenigen Versicherern lediglich hoch spezialisierte Berufsgruppen: Ärzte, Apotheker, Rechtsanwälte, Steuerberater oder Piloten. Auch für Beamte wird eine Verweisung in der Regel ausgeschlossen. Bei ihnen wird die Berufsunfähigkeit angenommen, wenn sie wegen Dienstunfähigkeit in den Ruhestand versetzt oder aus dem öffentlichen Dienst entlassen wurden. Der Anspruch auf Rente und Beitragsbefreiung entsteht mit Ablauf des Monats, in dem die Berufskrankheit – dauerhaft, vollständig oder teilweise und ärztlich nachgewiesen – eingetreten ist. Deshalb muss die Meldung über die Berufsunfähigkeit möglichst sofort mit deren Eintritt erfolgen.

Nur wer während der Laufzeit der BUV berufsunfähig wird, bekommt eine private BU-Rente

Viele Gesellschaften handhaben diese Regelung ausgesprochen streng. Wird nämlich die Meldefrist von drei Monaten nicht eingehalten, entsteht – laut Musterbedingungen der Versicherer – ein Anspruch auf die Versicherungsleistung erst mit Beginn des Monats, in dem die Mitteilung über die Berufsunfähigkeit eingegangen ist. Auch die Beiträge müssen – laut Bedingungswerk der meisten Versicherer – vom Versicherten bis zur Entscheidung über die Leistungspflicht weiter entrichtet werden. Falls die Versicherungsgesellschaft die Berufsunfähigkeit anerkennt, werden die ab Meldung geleisteten Beiträge zurückerstattet. Dies ist für einen Versicherten, der sich in einem finanziellen Engpass befindet, sehr wichtig.

Die Höhe der jährlichen BU-Rente darf nach den heutigen Bedingungen der BUZV 48 Prozent der Hauptversicherungssumme – also der Risiko- oder Kapitallebensversicherung – betragen. Für eine monatliche BU-Rente von 2 000 Mark reicht somit eine Hauptversicherungssumme von 50 000 Mark aus. Ist die BUZV mit einer Leibrente

Die richtige Wahl spart viel Geld

gekoppelt, beträgt die maximale Rentenhöhe nach den heutigen Bedingungen 400 Prozent der vereinbarten Altersrente.

Der Schutz ist aber häufig keineswegs vollkommen. Beitragsunterschiede bis zu 100 Prozent sind alltäglich. Die Wahl der passenden Vertragsform und des besten Versicherers spart über die Jahre hinweg einige Tausender. Nicht jede Berufsgruppe kommt zudem ohne Probleme zum Versicherungsschutz. Doch es gibt auch hier Hilfe. Deshalb lohnt sich der Blick über die Grenzen. Für einen Bruchteil deutscher Prämien können Sie sich in Großbritannien absichern. Anbieter z.B.: Standard Life (Tel.: 00 44/13 12 25 25 52), Scottish Mutual (Tel.: 00 44/14 12 48 63 21), Axa Equity & Law (Tel.: 00 44/17 12 42 68 44).

Die durchschnittlich versicherte Monatsrente beträgt gerade mal 400 Mark. Das aber ist eine völlig unzureichende Deckung. Denn je nachdem, ob es sich um Angestellte oder Arbeiter handelt, und je nach Grad der Invalidität beträgt die durchschnittliche monatliche Zahlung zwischen 370 und 690 Mark. Dennoch: Versicherungsvertreter verkaufen alles lieber als Invaliditätspolicen. Solche Angebote werden totgeschwiegen und stattdessen laut mit oft überflüssigen Unfallpolicen für die Versicherung von Arbeitsunfähigkeit geworben. Dabei entsteht nur jede zehnte Invalidität durch einen Unfall.

Der Preis regelt die finanzielle Absicherung

Sie können sich auf verschiedene Weise absichern

Die finanziellen Folgen einer Berufsunfähigkeit abzusichern ist auf vielerlei Art möglich. Der richtige Weg führt aber stets über den Preis. Eine Möglichkeit ist die eines Zusatzes zu einer Kapital- oder Lebensversicherung. Die Jahresrente beträgt dann – wahlweise – entweder zwölf oder 24, im Ausnahmefall auch 36 Prozent der vereinbarten Todesfallsumme. Die Absicherung für den Fall der Berufsunfähigkeit kann aber auch als eigenständiger Vertrag angeboten werden. Auch die Dauer der Prämienzahlung und der eventuellen Leistung lassen sich zeitlich voneinander trennen.

In der Praxis sieht das dann so aus: Ein 30-Jähriger zahlt etwa zehn Jahre lang Prämien und bezieht für den Fall, dass er in dieser Zeit berufsunfähig wird, bis zum 60. Lebensjahr eine Rente. Leer geht er hingegen aus, wenn die Invalidität nach Ablauf der zehn Jahre eintritt.

Die Leistungen der Gesellschaften unterscheiden sich unternehmens- und tarifbedingt erheblich voneinander. Während der Kunde bei der selbstständigen Berufsunfähigkeitsversicherung im Fall der Fälle Rente bezieht und außerdem keine Beiträge mehr zahlen muss, lässt ihm die Zusatzpolice zur Lebensversicherung zwei Möglichkeiten: Rente plus Beitragsbefreiung für den Gesamtvertrag oder aber nur Beitragsbefreiung. Natürlich kostet letztere Variante auch weniger.

Bei der Wahl eines festen monatlichen Zubrotes bieten sich weitere Möglichkeiten: Man kann sich zwischen der Staffel- und der Pauschalregel entscheiden, wobei meist vieles für die erste Variante spricht. Denn hier gibt es bereits ab 25-prozentiger Berufsunfähigkeit eine anteilige Rente – im Gegensatz zur Pauschallösung, die ab 50 Prozent Invalidität nur die Rente in der vereinbarten Höhe kennt. Neun von zehn Rentenfällen gehen auf eine Krankheit zurück, wobei häufig die 50-Prozent-Marke nicht erreicht wird. Die Staffelregel ermöglicht in diesen Fällen schon relativ früh ein finanzielles Polster.

Günstig ist oft der Abschluss mehrerer Verträge

Eine besonders günstige Möglichkeit der bedarfsgenauen Absicherung ist der Abschluss mehrerer Verträge mit kleinen Summen und unterschiedlichen Vertragslaufzeiten. Dann sinkt die insgesamt versicherte Rente umgekehrt proportional zu Ihren gesetzlichen Rentenansprüchen. Wer also Verbindlichkeiten eingegangen ist oder im Todesfall Hinterbliebene zurücklässt, sollte die Berufsunfähigkeitspolice mit einer Risiko-Lebensversicherung kombinieren. Geht es dabei in erster Linie um bestehende Darlehen, empfiehlt sich beim Hauptvertrag eine Police mit fallender Versicherungssumme.

Manche Berufsgruppen müssen draufzahlen

Ausgerechnet Künstler oder Selbstständige, deren Versorgungslücken bei Invalidität besonders groß sind, haben bei der Suche nach einem Versicherer Schwierigkeiten. Die Gesellschaften sind schnell mit Zuschlägen zur Hand. Zu sehr schrecken sie vor den Unwägbarkeiten des Künstlerdaseins zurück. Aus Erfahrung vorsichtig, suchen die Abteilungsleiter in den Konzernen immer erst nach einem Anstellungsvertrag oder ähnlichen Dauerengagements, bevor sie weiter über einen Antrag nachdenken.

Selbstständige Künstler haben es noch schwerer. Ihre Anträge werden – zumindest bei größeren Gesellschaften – strikt abgelehnt. Beispiel Flötist: Solokünstler an diesem Instrument laufen sich auf der Suche nach einem Versicherer die Hacken ab. Orchestermitglieder haben es da besser: Sie werden wenigstens versichert, bei vielen Gesellschaften aber nur mit knackigen Zuschlägen und unter Abschluss der Künstlerklausel, die psychische, neurotische oder nervöse Störungen vom Versicherungsschutz ausschließt.

Bekommt man nur einen Vertrag mit Zuschlag, dann sollten Sie es bei einer anderen Versicherungsgesellschaft versuchen

Nicht viel anders geht es Selbstständigen, wenn ihre Tätigkeit nach Ansicht der Gesellschaften nur sehr schwer in ein klares Berufsbild zu fassen ist. Die Versicherer wittern dann Verdacht: Ihre Rentenzahlung könnte zum Ausbügeln einer wirtschaftlichen Pleite verwendet werden. Deshalb halten sie sich mit Vertragsabschlüssen zurück. Das gilt auch bei Berufen mit schwerer körperlicher Arbeit. Bauern, Deckshelfer, Tunnelbauer und ähnlich hart Schaffende müssen mit der Annahmeverweigerung des Antrags oder mit Zuschlägen rechnen. Fragen Sie deshalb immer mehrere Unternehmen, wenn eine Gesellschaft Sie nur mit Zuschlag versichern will. Besonders kleinere Anbieter zeichnen mutig, wenn andere längst gepasst haben.

Berufe, die meist nicht versichert sind:

- *Springreiter, Motorradkurier, Bodyguard, Bedarfsflieger, Kampfschwimmer, Abbrucharbeiter, Solo-Tänzer, Feuerschlucker, Bodenakrobat, Stuntman, Heeresbergführer, Tierfänger und Künstler.*

Folgende Personenkreise müssen mit prozentualen Zuschlägen rechnen:

- *Gruppentänzer: 200 Prozent; Orchestermusiker: 150 Prozent*
- *Fallschirmspringer, Feuerwehrmann, Simultandolmetscher, Linienpilot, Schiffskoch, Müllarbeiter, Dachdecker, Baumaschinenführer, Schweißer, Bergarbeiter, Galopptrainer, Tierheilpraktiker: 100 Prozent*
- *Desinfekteur, Friseur, Taxifahrer, Krankenschwester, Masseur: 50 Prozent*

Was tun im Schadensfall?

Grundsätzlich müssen Gesundheitsfragen besonders genau beantwortet werden

Nur der pingelige Umgang mit der Wahrheit erspart Ihnen böse Überraschungen. Wer beispielsweise im Antrag die Angabe vergisst, dass er pflegebedürftig ist, besitzt keinen Versicherungsschutz. Wobei die Grenzen allerdings weit gezogen sind. Ein einfaches Nervenleiden berechtigt den Versicherer keinesfalls dazu, seine Kasse dichtzumachen. Es muss sich schon um eine äußerst schwere Beeinträchtigung des Gesundheitszustandes handeln. Und: Pflegebedürftig ist nur, wer das Notwendigste im täglichen Leben nicht mehr ohne fremde Hilfe erledigen kann. Bei einem Unfall gibt es in solchen Fällen lediglich die bereits gezahlten Beiträge zurück.

Es gibt aber noch schlimmere Fallen. Die Unfallversicherung kennt nämlich zwei Gefahrenklassen: A für normale Berufe und B für besonders gefährdete. Dementsprechend richten die Versicherer ihre Prämien aus. Deshalb erwarten sie auch eine unverzügliche Meldung bei jeder Art von Berufswechsel. Zwar betrifft der Berufswechsel im fortgeschrittenen Alter nach Ansicht von Fachleuten meist den Umstieg vom gefährlichen zum betulichen Arbeitsplatz, so dass in der Realität kaum der Versicherungsschutz riskiert wird, dennoch lohnt der Brief: Die Prämie wird dann billiger. Wechseln Sie dagegen in umgekehrter Richtung, kann der Versicherer die Leistung kürzen, wenn Sie Ihrer Informationspflicht nicht nachkommen.

Aus ist es mit dem Versicherungsschutz, wenn bei einem Unfall Alkohol im Spiel war. Die Versicherer zahlen beim Autofahrer nur bis 1,3 Promille, beim Radfahrer bis 1,7 Promille und beim Fußgänger bis etwa zwei Promille. Lesen Sie deshalb nach einem Missgeschick sofort Ihre Police durch und handeln Sie pflichtgemäß. Geben Sie schnell die geforderten Informationen, beachten Sie die Pflicht zur Konsultation von Ärzten und nehmen Sie jene Untersuchungen auf sich, die der Versicherer wünscht. Denn in der Berufsunfähigkeitsversicherung müssen die Gesundheitsfragen sehr sorgfältig beantwortet werden. Verlassen Sie sich nicht auf den Vertreter, füllen Sie das Formular selbst aus.

Ein unangenehmer Versicherungsmalus: die Verweisung

Versuchen Sie vor allen Dingen, die „Verweisungsklausel“ auszuschließen. Denn diese erlaubt den Versicherungen, Ihnen bei Berufsunfähigkeit eine andere Tätigkeit zuzumuten, die Sie aufgrund Ihrer Ausbildung und Erfahrung ausüben können und die Ihrer bisherigen Lebensstellung entspricht. Nach Beobachtungen von Fachleuten sind die Versicherungen durchaus zum Verzicht auf diese Klausel zu bewegen. Nach Abschluss des Vertrages haben Sie bis auf die Pflicht, Anschriftenänderungen mitzuteilen, Ihre Ruhe. Erstaunlicherweise gibt es hier – anders als bei der Unfallpolice – keine Vorschrift, dem Versicherer einen Berufswechsel mitzuteilen.

Besonders nach Unfällen oder bei Berufsunfähigkeit zahlen sich Hartnäckigkeit und massiver Gutachtereinsatz aus. Denn es geht um die Existenz. Nicht selten kommt es zum Streit über den Grad der Invalidität. Nach den Versicherungsbedingungen gibt es auch keine Schiedsstelle mehr. Theoretisch werden die Auseinandersetzungen sofort vor Gericht ausgetragen. Verhandeln Sie trotzdem zunächst mit Ihrem Versicherer, wenn es Probleme geben sollte. Lassen Sie sich dabei nicht von einem Sachbearbeiter abspeisen. Oft ist es sinnvoll, mit dem zuständigen Abteilungsleiter der Gesellschaft zu reden. Seine Entscheidungsvollmacht ist größer.

Lassen Sie sich nicht von der Versicherung ins Bockshorn jagen

Sie sollten sich auch nicht mit einem vom Versicherer in Auftrag gegebenen Gutachten abwimmeln lassen. Halten Sie mit einem eigenen fachärztlichen Gutachten dagegen. Das mag zwar ein paar Mark kosten, bringt aber bei der Leistung möglicherweise ein Vielfaches. Praktiker raten, sich mit dem Wunsch nach einer wissenschaftlichen Stellungnahme an die Universitäten zu wenden, denn dort ist das Preis-/Leistungsverhältnis am besten. Oftmals lassen sich die Versicherer auch mit einer Geldüberweisung sehr viel Zeit. Bestehen Sie daher auf den bedingungsgemäßen Fristen: Nach Feststellung der Art und Höhe der Invalidität muss der Versicherer binnen drei Monaten einen Bescheid geben.

Im Todesfall oder bei den diversen Tagegeldern reduziert sich die Frist auf einen Monat. Nach dem Bescheid muss der Versicherer binnen zwei Wochen zahlen. Kommt keine Einigung zwischen den Parteien zustande, bleiben dem Versicherungsnehmer oder den Begünstigten sechs Monate Frist für den Gang zum Gericht. Im Übrigen kann ein Invaliditätsgrad in den ersten drei Jahren nach dem Unfall jährlich überprüft werden. Geht die Initiative dazu vom Versicherer aus, trägt er auch die Kosten.

Im Streitfall sollten Sie sich an einen spezialisierten Anwalt wenden

Fallstricke verbergen sich häufig auch im Antragsformular. Bei der Berufsunfähigkeitsversicherung stellen die Versicherer besonders pingelige Gesundheitsfragen. Diese müssen nach einem Urteil des Oberlandesgerichtes Nürnberg (Az. 8 U 2696/91) so formuliert sein, dass Kunden das Gesundheitsverständnis des Versicherten nachvollziehen können. Fragen wie „Fühlen Sie sich gesund?“ sind danach unzulässig. Trotzdem gibt es Missverständnisse. Wer irgendwann einmal eine Psychotherapie mitgemacht hat, bezeichnet sich erfahrungsgemäß nicht als krank. Die Assekuranz sieht derartige Fälle jedoch oftmals ganz anders. Massagen gegen Rückenschmerzen werden beim Ausfüllen des Formulars vergessen, vor allem wenn sie schon vor Jahren verschrieben wurden. Für die Versicherer kann ein solches Versäumnis schon ein Grund sein, die Leistung zu verweigern.

Weist dann letztendlich eine Gesellschaft ihrem Kunden nach, dass er vorsätzlich oder fahrlässig nicht alles korrekt beantwortet hat, hilft auch ein Anwalt selten weiter. Die Gesellschaften unterstellen eine Verletzung der vorvertraglichen Anzeigepflicht.

Geht es um komplizierte Detailfragen, kann Ihnen auch die Arbeitsgemeinschaft der Wissenschaftlichen Medizinischen Fachgesellschaften in Düsseldorf, Motorenstr. 5, mit den Adressen renommierter Wissenschaftler weiterhelfen. Verweist Sie der Versicherer auf einen Alternativberuf, um seine Rentenzahlung zu umgehen, schlagen Sie den Verhandlungsweg ein. Ein Prozess ist nur das Letzte aller Mittel, weil die Gerichte bislang zumeist versicherungsfreundlich entschieden haben.

Darauf müssen Familien achten

Vorteile durch die Wahl eines günstigen Anbieters

Interessant sind lediglich Gesellschaften, die im Falle der Berufs- oder Erwerbsunfähigkeit eine Anpassung der Versicherungssumme an geänderte Rahmenbedingungen zulassen. Weiter ist darauf zu achten, dass kein Leistungsausschluss bei etwaigen Vorerkrankungen oder sonstigen Leiden erfolgt.

Bei Vorerkrankungen sollte kein Leistungsausschluss erfolgen

Nicht alle Versicherer fordern zudem Risikozuschläge für Angehörige bestimmter Berufe. Der Schutz im Ausland sollte insbesondere für diejenigen gelten, die häufig reisen bzw. dort arbeiten.

Die richtige Kombination

Die Prämienhöhe der BUZV ist abhängig von der richtigen Kombination mit anderen Versicherungen. Günstig ist die Kombination BUZV und Risiko-Lebensversicherung, relativ teuer hingegen die Verbindung mit Kapital- oder Leibrentenversicherung. Dafür ist bei dieser Variante allerdings auch die Altersvorsorge abgesichert. Mit Eintritt der Berufsunfähigkeit wird die Lebensversicherung beitragsfrei gestellt, zusätzlich kann eine monatliche Rente vereinbart werden. Diese Kombination empfiehlt sich vor allem, wenn die Absicherung der Berufsunfähigkeit und nicht das Ansparen von Kapital für die Altersvorsorge im Vordergrund steht.

Eine Risiko-Lebensversicherung kann zudem auch in eine neue Risiko-Lebensversicherung umgewandelt werden, allerdings unter Ausschluss eines weiteren Umtauschrechts. Beim Einschluss einer BUZV ist jedoch eine neue Gesundheitsprüfung erforderlich. Zudem sollte geprüft werden, ob dieses Umtauschrecht auch für die BUZV gilt (schriftliche Zusicherung der Versicherung einholen!).

Vorsicht bei neuen Tarifen

Achten Sie darauf, wie Berufsunfähigkeit definiert ist

Gesellschaften dürfen schon dann die Leistung verweigern, wenn sie den Versicherungsnehmer auf eine andere Tätigkeit verweisen können, die dieser „aufgrund seiner Kenntnisse und Fähigkeiten" ausüben kann. Das können auch Kenntnisse sein, die keinen Bezug zum bisher ausgeübten Beruf haben. Diese Formulierung ist deshalb deutlich ungünstiger als die alte Klausel „Erfahrung und Ausbildung". Vor dem Abschluss ist vor allem auf die Definition des Begriffes „Berufsunfähigkeit" zu achten, denn im Pflegefall zahlen einige Anbieter die Rente erst, wenn der Versicherungsnehmer eine Pflegestufe von vier Punkten nachweisen kann, während bei vielen Gesellschaftern schon eine Behinderung ausreicht, die einer Pflegestufe von drei Punkten entspricht.

Karenzzeit senkt Prämie

Der Versicherungsschutz wird um einiges billiger, wenn Sie im Versicherungsfall die ersten zwölf, 18 oder 24 Monate auf eine Rentenzahlung verzichten. Allerdings sollte die Wartezeit bis zur ersten Rentenzahlung nur für den Fall vereinbart werden, wenn eigene finanzielle Mittel ausreichen, die Zeit zu überbrücken.

Nehmen Sie am Überschuss teil

Beim System „Überschussbeteiligung" muss zwischen der Zeit vor und nach Eintritt der Berufsunfähigkeit unterschieden werden. Für die Zeit vor Eintritt des Versicherungsfalles sollte die Beitragsverrechnung gewählt werden. Hierbei werden die Überschüsse der Versicherer

Die Wahl zwischen konstanter und dynamischer Rente

sofort auf die Beiträge angerechnet, die Beiträge damit reduziert. Über das Bonussystem erhöht sich im Fall der Berufsunfähigkeit die monatliche Rente. Außerdem werden als Überschusssysteme die verzinsliche Ansammlung und die Schluss-Überschusszahlung angeboten, wobei am Vertragsende ein angesammeltes Guthaben ausgezahlt wird.

Tritt die Berufsunfähigkeit ein, entfällt die Prämienzahlung und – falls vereinbart – werden die Überschüsse auf die Rente aufgeschlagen. Der Versicherte selbst hat zudem die Wahlmöglichkeit zwischen konstanter und dynamischer Rente. Die konstante Rente wird zu Beginn der Rentenzahlung um zirka 20 bis 30 Prozent erhöht und bleibt dann unverändert. Die dynamische Rente steigt jedes Jahr um zur Zeit drei bis fünf Prozent der Vorjahresrente.

Variieren Sie die Risikodauer

Um die Existenzgründung abzusichern, eignen sich für Berufsanfänger, Freiberufler und Selbstständige sowie auch für Beamte spezielle Tarife mit kurzer Risiko- und langer Leistungsdauer. Beim 35er-Tarif zum Beispiel zahlt die Versicherung, falls die Berufsunfähigkeit bis zum 35. Lebensjahr eintritt. Geleistet wird je nach Vereinbarung bis zum 50. oder 65. Lebensjahr. Ohne Eintritt des Versicherungsfalles endet die Versicherung mit dem 35. Lebensjahr.

Daher der Tipp: Eine deutliche Prämienersparnis bringen solche Einsteigertarife nur bei sehr kurzen Vertragslaufzeiten. Außerdem müssen Kunden, die nach Ablauf der Risikodauer Anschlusspolicen unterschreiben, bei höherem Alter auch mit deutlich höherer Prämie und mit Risikozuschlägen rechnen.

Der Eintritt der Berufsunfähigkeit

Informieren Sie die Versicherung innerhalb von drei Monaten

Tritt der Versicherungsfall ein, muss dies der Gesellschaft innerhalb von drei Monaten schriftlich gemeldet werden. Die Mitteilung sollte beinhalten: Tag und Grund des Eintritts der Berufsunfähigkeit, Name und Anschrift des behandelnden Arztes sowie eine Erklärung über die Entbindung von seiner Schweigepflicht. Nach Anerkennung der BU durch den Versicherer erfolgt die Zahlung der Rente zu Beginn des Monats, der dem Eintritt der Berufsunfähigkeit folgt. Bei den meisten Versicherungsgesellschaften wird die Rente vierteljährlich im Voraus gezahlt.

Tipp: Meldefrist unbedingt einhalten. Erfolgt die Anzeige später, beginnt die Leistungspflicht auch erst vom Monat der Anzeige an. Nur wenige Versicherungsgesellschaften machen hier Ausnahmen.

Die private Berufsunfähigkeitsversicherung sichert die familiäre Existenz

Die private Vorsorge ist wichtiger denn je

Für junge Familien mit einem Verdiener, Alleinstehende mit Kind(ern), Berufsanfänger und Selbstständige ohne Rentenansprüche oder Vermögen ist eine private Berufsunfähigkeitsversicherung existenzsichernd. Denn sie zahlt für die Folgen von Unfällen und Krankheiten.

Die Versicherung bleibt wichtig, auch wenn die Neuordnung des Rechts der Renten wegen verminderter Erwerbsunfähigkeit durch das Rentenkorrekturgesetz der neuen Bundesregierung bis zu einer geplanten Neuregelung durch ein Rentenstrukturgesetz für das Jahr 2000 ausgesetzt wurde. Die Rentenversicherungsträger müssen also bis auf weiteres Renten feststellen, die nicht ausschließlich auf einer gesundheitlichen Beeinträchtigung, sondern auch auf einem verschlossenen Arbeitsmarkt beruhen. Diese Regelung entspricht dem bisherigen Recht, wobei sich dieses bis zum neuen Gesetz bzw. bis spätestens Ende 2000 ändern wird – dann ist damit zu rechnen, dass es bei der Feststellung der Minderung der Erwerbsunfähigkeit nur noch auf den Gesundheitszustand der Versicherten und nicht mehr auf die Lage am Arbeitsmarkt ankommt.

Dabei ist von Folgendem auszugehen: Wer sechs oder mehr Stunden am Tag tätig sein kann, erhält nicht wie bisher eine Berufsunfähigkeitsrente, sondern geht leer aus. Wer drei bis sechs Stunden täglich arbeiten kann, erhält die halbe Erwerbsminderungsrente, wer keine drei Stunden durchhält, die volle. Diese entspricht in etwa 60 Prozent der Altersrente, die der Invalide erreicht hätte, wenn er bis zum 57. Lebensjahr gearbeitet und Rentenversicherungsbeiträge gezahlt hätte. Die Dauer der gesetzlichen Erwerbsminderungsrente ist zudem noch begrenzt: bei Jüngeren beispielsweise auf zwölf Monate. Dann bleibt nur noch die Arbeitslosenhilfe.

Stellen Sie Ihren Bedarf fest

Stellen Sie Ihren Bedarf für den Fall einer Berufsunfähigkeit fest, indem Sie alle Renten – gesetzlich, betrieblich und privat – addieren. Zusammen sollten diese Ihr Nettoeinkommen erreichen. Faustregel: Ist der Versicherte alleinstehend und jung, sollte er das halbe Monatseinkommen, mindestens aber 1 000 Mark im Monat als Rente versichern. Familien dagegen benötigen mindestens 3 000 Mark Monatsrente. Im mittleren Lebensalter sollte ein Drittel des monatlichen Nettoeinkommens als Monatsrente versichert werden.

Die Unfallversicherung

Leistung: *Wer durch einen Unfall Invalide wird, erhält (entsprechend dem Invaliditätsgrad) einen bestimmten Geldbetrag.*

Beispiel: *Bei 30 Prozent Invalidität werden 30 Prozent der Versicherungssumme ausgezahlt.*

Lohnend: *Verträge mit Progression – bei höherer Invalidität auch höhere Leistungen! Bei 100 Prozent Vollinvalidität werden dann 225 000 statt der Grundversicherungssumme von 100 000 Mark ausgezahlt.*

Tipp: *Keine Unfallversicherungen mit Prämienrückgewähr („zum Nulltarif") abschließen – Mini-Rendite! Bei Invalidität im Beruf tritt die gesetzliche Unfall-Versicherung ein. Gegen Unfälle zu Hause sollte man sich absichern.*

Fazit: *Sehr sinnvoll, vor allem für den Partner und die Kinder.*

Schlecht geschützt ist in den meisten Fällen, wer eine Unfallversicherung abschließt. Die Police soll die finanziellen Folgen von Invalidität oder Tod nach einem Unfall mildern. Doch statistisch gesehen ist dieses Risiko relativ gering. Wesentlich häufiger muss jemand nach einer Krankheit seinen Beruf aufgeben. Das Unfallrisiko wird jedoch im Allgemeinen sehr hoch eingeschätzt. So haben zum Beispiel 39 Prozent der Bevölkerung ab 16 Jahren Angst, sie könnten Opfer eines Verkehrsunfalles werden. Unfälle können natürlich auch in der Freizeit, zu Hause, beim Sport oder bei der Arbeit passieren – und fallen dann auch in die Versicherung. Denn die Unfallversicherung ist eine Ausschnittsversicherung, die sich auf äußere Ursachen beschränkt.

Schwere Unfälle sind aber eher selten. Deshalb stellt sich für viele die Frage: Ist es sinnvoll, das finanzielle Risiko über eine private Unfallversicherung abzusichern? Die Sorge, dass nach einem Unglück schwere gesundheitliche Schäden bleiben, ist durchaus menschlich. Ebenso die Furcht vor den finanziellen Folgen, die auf den Haushalt zukommen. In der Realität sind jedoch vor allem Kinder in hohem Maße gefährdet. Für sie ist der Versicherungsschutz deshalb durchaus sinnvoll. Bei Erwachsenen dagegen hält sich das Risiko, dass ein schwerer Unfall passiert, in Grenzen. Rund 90 Prozent der Frührentner, die beim Bundesamt für Arbeitsschutz registriert sind, mussten den Job – und meist auch das gewohnte Einkommen – nicht wegen eines Unfalls, sondern wegen einer Krankheit aufgeben.

Wogegen Familien sich absichern sollten

Nur zehn Prozent konnten wegen eines Unfalls nicht mehr weiter arbeiten. Als Todesursache sind Unfälle noch seltener, sie liegen bei zirka drei Prozent. Die Statistik zeigt also: Gesundheitliche Schäden,

Meist wird die Gefahr eines Unfalles überschätzt

die von einer Krankheit ausgehen, sind die größere Gefahr. So müssen Interessenten mit Vorerkrankungen bei der Berufsunfähigkeitsversicherung in vielen Fällen empfindliche Leistungsausschlüsse oder Risikozuschläge hinnehmen – wenn sie überhaupt einen Vertrag bekommen. Schüler und Studenten ohne Berufsausbildung können sich in der Regel nur selten gegen Arbeits- oder Erwerbsunfähigkeit absichern.

Dennoch gilt auch hier: Augen auf beim Prämienvergleich. Es gibt Prämienunterschiede bis zu 150 Prozent im Erwachsenentarif und bis zu 90 Prozent im Kindertarif. Zusatzangebote wie Übergangsleistung, Tagegeld, Genesungsgeld oder Kostenübernahme für kosmetische Operationen treiben die Prämie in die Höhe, sind aber nur in seltenen Fällen sinnvoll. Dagegen lohnt es sich, auf die Angebote einzelner Versicherungsmakler zu schauen. Dort gibt es für das gleiche Geld manchmal besseren Versicherungsschutz.

Unfallversicherungen gibt es in verschiedenen Varianten. Der Versicherungsschutz kann

- für die Arbeits- und Freizeit rund um die Uhr oder
- ausschließlich als Freizeitversicherung vereinbart werden,
- und dies alles per Einzelvertrag oder im Paket.

Eine Freizeit-Unfallversicherung kann nur abgeschlossen werden, wenn das Unfallrisiko während der Arbeitszeit über die gesetzliche Unfallversicherung oder die entsprechenden beamtenrechtlichen Vorschriften abgedeckt ist. Wie teuer der Versicherungsschutz für Arbeit und Freizeit ist, hängt vor allem vom Beruf des Versicherungskunden ab. Männer, die körperlich und handwerklich arbeiten oder am Arbeitsplatz mit ätzenden, explosiven oder giftigen Stoffen umgehen, werden der Risikogruppe B zugeordnet und müssen höhere Prämien zahlen. Für Rechtsanwälte, Journalisten und alle, die in kaufmännischen oder verwaltenden Berufen beschäftigt sind, gilt dagegen die Risikogruppe A. Für sie ist der Versicherungsschutz – ebenso wie für leitende Angestellte oder im Gesundheitswesen Beschäftigte – preiswerter.

Von den Versicherungsgesellschaften werden die verschiedenen Berufe in Risikogruppen unterteilt

Wer besonders gefährlich lebt, weil er beispielsweise als Artist, Rennfahrer oder Berufssportler arbeitet, muss mit einer Einzelfallprüfung rechnen und, falls der Versicherungsschutz nicht abgelehnt wird, Zuschläge zahlen. Auch Frauen werden von den Versicherern unterschiedlich behandelt. Bei einigen Versicherern gilt grundsätzlich die preiswertere Risikogruppe A. Andere Gesellschaften machen die Beitragshöhe dagegen vom ausgeübten Beruf abhängig. Über die Gefahrengruppe A und B hinaus haben zahlreiche Versicherungsgesellschaften Spezialtarife kreiert: für Hausfrauen, Landwirte, Tierärzte, Auszubildende, Studenten usw.

Krankheits- oder Todesfälle, die auf innere Ursachen zurückzuführen sind, fallen nicht unter den Versicherungsschutz. Die Grenze zwischen Krankheit und Unfall ist allerdings in manchen Fällen nicht eindeutig. In den Bedingungen sind deshalb folgende Ursachen ausdrücklich vom Versicherungsschutz ausgenommen:

- Gesundheitsschädigung durch Heilmaßnahmen und Eingriffe, die der Versicherte an seinem Körper vornimmt oder vornehmen lässt (soweit nicht Folge eines versicherten Unfalls);
- Unfälle infolge von Schlaganfällen und solchen Krampfanfällen, die den ganzen Körper des Versicherten ergreifen, von Geistes- oder

Beispiele für den Grad der Invalidität

Der Invaliditätsgrad beträgt bei Verlust oder vollständiger Gebrauchsunfähigkeit

eines Auges:	*50 Prozent*
beider Augen:	*100 Prozent*
des Gehörs auf einem Ohr:	*30 Prozent*
des Geruchs:	*10 Prozent*
des Geschmacks:	*5 Prozent*
eines Arms im Schultergelenk:	*70 Prozent*
eines Arms bis oberhalb des Ellenbogengelenks:	*65 Prozent*
eines Arms bis unterhalb des Ellenbogengelenks:	*60 Prozent*
einer Hand im Handgelenk:	*55 Prozent*
eines Daumens:	*20 Prozent*
eines Zeigefingers:	*10 Prozent*
eines anderen Fingers:	*5 Prozent*
eines Beines über Mitte des Oberschenkels:	*70 Prozent*
eines Beines bis Mitte des Oberschenkels:	*60 Prozent*
eines Beines bis unterhalb des Knies:	*50 Prozent*
eines Beines bis Mitte des Unterschenkels:	*45 Prozent*
eines Fußes im Fußgelenk:	*40 Prozent*
einer großen Zehe:	*5 Prozent*
einer anderen Zehe:	*2 Prozent*

Bewusstseinsstörungen, auch wenn diese durch Trunkenheit verursacht sind (Toleranzgrenze für Kraftfahrer: 1,3 Promille);

- Tod durch Überarbeitung;
- Infektionskrankheiten (soweit die Ursache nicht auf eine Verletzung zurückzuführen ist);
- Gesundheitsschädigung durch Licht-, Temperatur- und Witterungseinflüsse (z.B. Herzschlag nach einem Sprung ins kalte Wasser);
- Vergiftungen infolge Einführung fester oder flüssiger Stoffe durch den Schlund (z.B. Einnahme eines giftigen Reinigungsmittels durch Verwechslung);
- Ersticken durch ausströmendes Gas infolge Ohnmacht.

Invalidität

Wenn Sie als Versicherter durch einen Unfall dauernd in Ihrer Arbeitsfähigkeit beeinträchtigt werden, liegt Invalidität vor. Sie muss als Unfallfolge innerhalb eines Jahres vom Unfalltag an eingetreten und ärztlich festgestellt sein. Der Versicherungsschutz kann für den Fall der Invalidität mit oder ohne Todesfallrisiko vereinbart werden. Danach muss die Versicherungsgesellschaft zahlen, wenn ein Unfall zu einer dauerhaften körperlichen oder geistigen Leistungsunfähigkeit führt. Der Grad der Invalidität wird nach der so genannten Gliedertaxe bemessen oder – falls dies nicht möglich ist – vom Arzt nach medizinischen Kriterien festgestellt.

Je nach Grad der Invalidität haben Sie Anspruch auf die Versicherungssumme. Für bestimmte Invaliditätsfälle wurde der Prozentsatz in den Bedingungen verbindlich fixiert. Soweit sich der Invaliditätsgrad nicht abstrakt bestimmen lässt, wird abgewogen, inwieweit Sie imstande sind, eine Tätigkeit auszuüben, die Ihren Kräften und Fähigkeiten entspricht und die Ihnen unter Berücksichtigung Ihrer Ausbildung und Ihres bisherigen Berufes zugemutet werden kann; dabei ist die Arbeitsmarktlage mit zu berücksichtigen.

Wie Sie die richtige Versicherungssumme wählen

Ihren Versicherungsbedarf können Sie aus dem Barwert der künftig entgehenden Einkünfte abzüglich Anwartschaften in der Rentenversicherung und betrieblicher Altersversorgung errechnen. Die Versicherungssummen werden deshalb für jüngere Personen grundsätzlich höher angesetzt als für ältere. Die üblicherweise verwendete Formel, das drei- oder vierfache Jahreseinkommen zu versichern, ist nämlich nur bedingt richtig. Risikogerechter ist dagegen folgende Beispiel-Berechnung:

Wie die Versicherungssumme errechnet wird

Jahres-Nettoeinkünfte:	*60 000 DM*
– Leistungen der Rentenversicherung bei Berufsunfähigkeit:	*36 000 DM*
Ausgangsbetrag	*24 000 DM*
x ausstehende Dienstjahre bis Alter 59: (z.B. 25)	*600 000 DM*
erforderliche Versicherungssumme mit Progressionsstaffel:	*300 000 DM*

Daraus ergibt sich, dass eine Unfall-Invaliditätsversicherung für Personen mit Arbeitseinkommen, nicht aber für Rentner und andere Personen mit arbeitsunabhängigem Einkommen sinnvoll ist. Da für berufliche Invaliditätsfälle ein umfassender Schutz besteht, genügt für die nach Reichsversicherungsordnung (RVO) oder Beamtenrecht versicherten Personen eine Freizeit-Unfall-Versicherung. Dadurch können Sie etwa 25 bis 50 Prozent der Prämien sparen.

Die Definition: Was ist versicherungsrechtlich ein Unfall?

Die Definition von Unfall

Nicht jedes Missgeschick ist ein Unfall im Sinne der Allgemeinen Versicherungsbedingungen für die Unfallversicherung. Dort ist in § 1 Abs. 3 genau definiert, was als Unfall gilt: Wenn der Versicherte durch ein plötzlich von außen auf seinen Körper einwirkendes Ereignis unfreiwillig eine Gesundheitsschädigung erleidet. Das bedeutet:

- Die Schädigung muss innerhalb eines verhältnismäßig kurzen Zeitraums geschehen. Länger anhaltende Ereignisse, die zu einer Beeinträchtigung führen (z.B. Gesundheitsschäden durch Umweltverschmutzung), gehören nicht dazu. Das Ereignis muss auch unerwartet eintreten und außerdem unfreiwillig sein, was jeglichen Vorsatz, etwa Selbstmord, ausschließt.
- Ein wichtiges Merkmal eines Unfalls ist: etwas, das von außen auf den Körper einwirkt, also eine Verletzung durch Schlag, Stoß oder

Störungen seelischer Art gelten nicht als Unfall

Fall. Innere Verletzungen durch Verschlucken unverdaulicher Gegenstände zählen nicht dazu! Auch Störungen seelischer Art gelten nicht als Unfall.

- Als Unfall gilt auch, wenn durch eine erhöhte Kraftanstrengung an Gliedmaßen oder der Wirbelsäule ein Glied verrenkt wird oder Muskeln, Sehnen, Bänder, Kapseln gezerrt oder zerrissen werden. Demnach fällt etwa die Zerrung eines Muskels durch das Anheben eines schweren Gegenstandes unter den Versicherungsschutz, da die erhöhte Kraftanstrengung Unfallursache war.
- Vom Versicherungsschutz ausgeschlossen sind Unfälle durch Kriegsereignisse, durch Geistes- oder Bewusstseinsstörungen sowie Unfälle bei der Ausführung oder dem Versuch von Verbrechen.
- Nicht versichert sind auch Vergiftungen durch das Herunterschlucken fester oder flüssiger Stoffe – sofern sie Jugendliche oder Erwachsene betreffen. Ausnahmen gelten hingegen für Kinder, und zwar bis zur Vollendung des 10. Lebensjahres.
- Tod durch Unfall: Umfassend können Sie das Todesfallrisiko über eine Risiko-Lebensversicherung abdecken. Eine Unfallversicherung ist dann nicht mehr erforderlich. Die Unfall-Todesfallversicherung sollten Sie lediglich als eine preiswerte Alternative in Betracht ziehen.

Für Familien ist die Abdeckung des Todesfallrisikos empfehlenswert

Als Unfalltod gilt ein Ereignis, das plötzlich von außen und unfreiwillig auf den Körper einwirkt. Voraussetzung für das In-Kraft-Treten der Versicherung ist, dass der Tod innerhalb eines Jahres nach dem Unfall eintritt. Allgemein ist eine Abdeckung des Todesfallrisikos zu empfehlen, wenn Sie eine Versorgungsverpflichtung haben, ein Todesfall somit finanzielle Probleme verursacht, die insbesondere Verheiratete und Hausfrauen mit Kindern betreffen.

Das Invaliditätsrisiko ist der wichtigste Baustein der Unfallversicherung. Es können aber noch weitere Leistungen abgeschlossen werden. Über eine Unfallversicherung lassen sich zudem noch folgende Leistungen versichern:

- Tagegeld für die Dauer der ärztlichen Behandlung;
- Krankenhaustagegeld für die Dauer des Krankenhausaufenthaltes;
- Genesungsgeld nach einem Krankenhausaufenthalt;
- Heilkosten.

Voraussetzung ist jeweils, dass ein Unfall vorliegt. Im Allgemeinen ist es jedoch sinnvoller, diese Risiken umfassend über eine Krankenversicherung abzudecken.

Diese Leistungen sind möglich

Leistung bei Unfalltod

Auch hier wird eine feste Versicherungssumme vereinbart, die bei einem Unfall mit tödlichen Folgen an die Hinterbliebenen des Unfallopfers gezahlt wird. Wer seine Angehörigen finanziell absichern will, ist jedoch mit einer Kapital- oder Risiko-Lebensversicherung besser bedient. Das kostet zwar mehr Beitrag, dafür zahlt die Versicherung aber auch bei Tod durch Krankheit. Wer trotzdem das Todesfallrisiko über eine Unfallversicherung absichert, darf die Todesfallsumme nicht höher als die Invaliditätssumme wählen. Und: Bei Invalidität kann der Versicherte eine Abschlagszahlung bis zur Höhe der Todesfallsumme verlangen.

Das kann durchaus von Vorteil sein. Denn: Die Abschlagszahlung wird fällig, wenn der Invaliditätsgrad erst noch ermittelt werden muss und die Versicherungsgesellschaft aus diesem Grund die Invaliditätsleistung vorerst zurückhält.

Krankenhaustagegeld

Krankenhaustagegeld kann vereinbart werden

Für den Fall, dass der Versicherte nach einem Unfall stationär im Krankenhaus behandelt werden muss, kann ein Tagegeld vereinbart werden. Es wird für jeden vollen Kalendertag, an dem der Kranke im Krankenhaus liegt, gewährt – maximal bis zu zwei Jahre vom ersten Unfalltag an gerechnet. Unbedingt notwendig ist diese Leistung nicht. Im Einzelfall kann sie aber durchaus sinnvoll sein, z.B. für Selbstständige und Freiberufler, die bei Krankheit keinen Anspruch auf Lohnfortzahlung haben.

Allerdings gilt auch hier: Das Krankenhaustagegeld wird nur bei Unfällen gezahlt. Deshalb bringt es mehr, diese Leistung über gesetzliche oder private Krankenversicherungen zu vereinbaren, die auch bei anderen Krankheitsursachen leisten.

Genesungsgeld

Genesungsgeld kann nur in Verbindung mit Krankenhaustagegeld abgeschlossen werden. Es wird nach einem Krankenhausaufenthalt für die gleiche Anzahl von Tagen gezahlt, wie zuvor das Krankenhaustagegeld – maximal für 100 Tage. Von Ausnahmen abgesehen, besteht für die ersten zehn Tage Anspruch auf den vollen Tagessatz des Krankenhaustagegeldes, danach wird bis zum 20. Tag die Hälfte gezahlt und anschließend nur noch ein Viertel des Tagessatzes. In aller Regel kann der Versicherte jedoch auch auf diese Leistung verzichten.

Tagegeld

Über das Tagegeld soll bei Berufstätigen der Verdienstausfall nach einem Unfall ganz oder teilweise aufgefangen werden. Singles können sich damit ein finanzielles Polster sichern und bei Arbeitsunfähigkeit von diesem Geld eine Haushaltshilfe bezahlen. Die Höhe des Tagegeldes richtet sich nach dem Grad der Arbeitsunfähigkeit. Es wird bis zu einem Jahr für die Dauer der ärztlichen Behandlung gezahlt, bei Hausfrauen ab dem ersten und bei Berufstätigen ab dem 43. Tag, da danach normalerweise der Anspruch auf Lohnfortzahlung entfällt.

Gesetzlich Versicherte haben dann allerdings immer noch Anspruch auf Krankengeld und können allein aus diesem Grund häufig auf das Tagegeld verzichten. Privat und freiwillig Versicherte sollten das Risiko jedoch auch hier lieber über eine Krankenversicherung abdecken, da der Versicherungsschutz dann nicht nur für das Unfallrisiko gilt.

Übergangsleistungen

Eine Übergangsregelung kann vereinbart werden

Für den Fall, dass das Unfallopfer sechs Monate später noch zu mehr als 50 Prozent invalide ist und die Versicherungsleistung bis auf weiteres nicht gezahlt wird, kann eine Übergangsregelung vereinbart werden. Dem steht allerdings entgegen, dass nur zwei Prozent aller gemeldeten Unfallschäden derart schwere Folgen haben.

Kosten für kosmetische Operationen

Wird diese Leistung im Versicherungsschutz mit eingeschlossen, dann übernimmt die Versicherungsgesellschaft die Kosten für die Operation und die Behandlung im Krankenhaus. Ist der Eingriff medizinisch notwendig, dann springen allerdings auch die gesetzlichen und privaten Krankenversicherer ein, deshalb ist auch dieser Versicherungsschutz in der Regel überflüssig.

Insgesamt bleibt festzuhalten: Man kann sich natürlich gegen alles und jedes versichern, sofern es der Geldbeutel erlaubt. Die Geldausgabe für die soeben beschriebenen Zusatzleistungen kann sich der Kunde jedoch in aller Regel sparen.

Läuft eine Unfallversicherung bis ins hohe Alter, dann müssen häufig Risikozuschläge gezahlt werden. Deshalb stellt sich für diesen Kundenkreis die Frage, ob der Versicherungsschutz überhaupt noch sinnvoll ist. Viele Gesellschaften nehmen Senioren nicht mehr als Kunden an. Die Altersgrenze liegt zwischen 64 und 75 Jahren.

Worauf Familien achten sollten

Der Geltungsbereich

Der Schutz der Unfallversicherung gilt weltweit. Gezahlt wird zusätzlich zu den Leistungen aus der Kranken-, der gesetzlichen Unfall- oder der Berufsunfähigkeitsversicherung.

Der Schutz der Unfallversicherung gilt weltweit

Die Invaliditätsleistung

Der Versicherte erhält vom Versicherer eine Kapitalzahlung für den Fall, dass dieser nach einem Unfall auf Dauer „in seiner körperlichen und geistigen Leistungsfähigkeit beeinträchtigt" ist. Die komplette Versicherungssumme hingegen erhält er bei einer Invalidität von 100 Prozent. Der Invaliditätsgrad wird bestimmt durch die Gliedertaxe, die für die meisten Körperteile feste Invaliditätssätze vorgibt: So bedeutet etwa der Verlust eines Zeigefingers nach einem Unfall 30 Prozent Invalidität, d.h. der Versicherungsnehmer erhält für diesen Fall 30 Prozent der vereinbarten Versicherungssumme. Tipp: Wer sich bereits vor Abschluss seines Versicherungsvertrages nach der Gliedertaxe erkundigt, erhält in den meisten Fällen bei einem Makler deutlich höhere Prozentsätze.

Progression und Mehrleistung

Wer sich stattdessen für den Mehrleistungstarif entscheidet, verdoppelt damit bei hohen Invaliditätsgraden – meist ab 70 Prozent – die vereinbarte Versicherungssumme. Wird ein Tarif mit Progression gewählt, steigt die versicherte Summe meist ab 26 Prozent Invalidität schrittweise an. Angeboten werden Progressionsstaffeln, die zwischen 225 und 500 Prozent liegen. Der Nachteil hierbei: 80 Prozent aller Unfälle fallen unter die Invaliditätsgrenze von 26 Prozent. Von daher sollte stets darauf geachtet werden, bereits von vornherein eine hohe Versicherungssumme ohne Staffel zu vereinbaren.

Progressionsstaffeln liegen zwischen 225 und 500 Prozent

Todesfallschutz und Übergangsleistung

Erst wenn der Invaliditätsgrad feststeht – was meist mindestens ein Jahr dauert – wird die Invaliditätsleistung fällig. Bei schweren Ver-

Meist dauert es ein Jahr, bis der Invaliditätsgrad feststeht

letzungen wird jedoch häufig eine Sofortleistung (Übergangsleistung) fällig – allerdings nur für den Fall, dass diese extra versichert wurde. In diesem Falle erhält der Versicherte bereits nach sechs Monaten Geld. Voraussetzung: Er ist zu mehr als 50 Prozent beeinträchtigt. Wurde stattdessen eine Todesfallsumme vereinbart, erfolgt die Auszahlung dieses Betrages als Vorschuss bereits bei absehbarer Invalidität. Ansonsten ist die Todesfallsumme erst dann fällig, wenn der Versicherte im ersten Jahr nach dem Unfall an dessen Folgen stirbt. Tipp: Für das erste Jahr nach dem Unfall reicht die Vorschusszahlung aus der Todesfallleistung aus.

Nebenleistungen

Zudem kann gegen Aufpreis ein Krankenhaustagegeld für die Zeit der Krankenhausbehandlung vereinbart werden – für die Zeit danach erhält der Versicherte ein Genesungsgeld. Voraussetzung für diese Leistungen des Versicherers ist jedoch stets ein Unfall. Tipp: Nebenleistungen sollten – weil in den meisten Fällen günstiger – über die private Krankenversicherung oder über eine Krankenzusatzversicherung abgedeckt werden.

Die Pflichten

Melden Sie einen Unfall sofort Ihrer Versicherung

Kommt ein Versicherter seiner Meldepflicht nach einem Unfall nicht sofort nach bzw. sucht dieser nicht umgehend einen Arzt auf, verweigern die meisten Versicherer den Schutz. Andererseits gibt es auch Vereinbarungen, nach denen ein Schaden erst dann gemeldet bzw. behandelt werden muss, wenn er für den Versicherten sichtbar oder als Beeinträchtigung bemerkt wird. Informieren Sie von daher bei jeglichem Zweifel ihre Versicherung nach einem Unfall bzw. gehen Sie vorsichtshalber zum Arzt.

Empfehlenswerte Vereinbarungen

Wer sich bei verschiedenen Versicherungsgesellschaften und Maklern erkundigt, erhält in den meisten Fällen – gegen Aufpreis, versteht sich – verbesserte Klauseln. Vorteile bieten

- eine verbesserte Gliedertaxe (25 statt 20 Prozent für den Daumen);
- der Einschluss von verspäteter Unfallmeldung oder Behandlungsbeginn;
- die volle Übernahme der Gebühren für eigene ärztliche Gutachten;

- verkürzte Frist zur Nachprüfung der Invalidität durch den Versicherer.

Günstige Prämien erhalten Versicherte auch über Berufsverbände, Vereine und Betriebe, noch günstiger sind Gruppenverträge. Von daher lohnt sich auch einmal eine Anfrage bei der Personalabteilung des Arbeitgebers.

Empfehlenswert - die Absicherung von Partner und Kindern

Der Hauptverdiener in der Familie ist meist – wie schon besprochen – gut abgesichert: mit Berufsunfähigkeits- und Krankenversicherung, zudem mit Kapital- und Risiko-Lebensversicherungen. Dabei tritt die Absicherung des nicht-berufstätigen Partners meist in den Hintergrund.

Eine Unfallversicherung ist vor allem für nicht oder nur geringfügig verdienende Partner wichtig

Doch Hausmann/-frau oder gering verdienender Ehepartner brauchen ebenso einen Schutz für folgenschwere Ereignisse. Empfehlenswert ist hier die private Unfallversicherung. Prinzipiell ist sie zwar nach der Berufsunfähigkeitsversicherung nur die zweite Wahl, doch Freiberufler, Hausfrauen und Kinder sowie Berufstätige, die entweder keine oder nur eine teure Berufsunfähigkeitsversicherung bekommen, sollten sich unbedingt wenigstens hierüber absichern.

Prüfen Sie deswegen, in welcher Höhe Sie Zahlungen aus der gesetzlichen, betrieblichen und privaten Rentenversicherung zu erwarten haben. Zusammen mit der Rente aus der Kapitalauszahlung der privaten Unfallversicherung sollte mindestens Ihr jetziges finanzielles Niveau gehalten werden. Denn das Leben mit einer Behinderung ist meist kostenintensiver. Auch benötigen Sie Gelder für Umbauten. Eine Versicherungssumme von 200 000 Mark kann deshalb nur die Untergrenze darstellen. Sinnvoll ist die Wahl eines linearen Tarifs.

Ganz wichtig: Unfallversicherungen für Kinder

Kinder sind stark unfallgefährdet und naturgemäß unzureichend versichert. 1,5 Millionen Kinder werden in Deutschland jedes Jahr durch Unfälle verletzt – im Straßenverkehr, zu Hause in gewohnter Umgebung oder auf dem Spielplatz um die Ecke. Und trotzdem ist statistisch gesehen nur jedes dritte Kind durch eine private Unfallversicherung abgesichert. Dabei ist der gesetzliche Schutz durch die Unfallversicherung des Staates äußerst lückenhaft: Kinder haben überhaupt erst vom vollendeten dritten Lebensjahr an Anspruch auf diese Leistungen. Zudem greift die gesetzliche Unfallversicherung bei Unfällen im Kindergarten, in der Kindergrippe, in der Schule, am Ausbildungsplatz und in der Universität sowie auf den direkten Hin- und Rückwegen zu solchen Orten. Doch die Leistungen der staatlichen Unterstützung sind knapp bemessen: Ein zu 100 Prozent invalides 7-jähriges Kind erhält aus der gesetzlichen Unfallversicherung 735 Mark in den alten, 618 Mark in den neuen Bundesländern.

Zudem bekommen Kinder keine zusätzlichen finanziellen Hilfen, beispielsweise keine gesetzliche Rentenversicherung. Und die Alternative einer Berufsunfähigkeitsversicherung gibt es für Kinder fast nie.

Eine Unfallversicherung für Kinder ist nicht teuer

Doch 80 Prozent aller Unfälle passieren nicht im Kindergarten oder in der Schule. Ihr Kind ist vor allem in der Freizeit gefährdet. Stürzt es also zu Hause unglücklich und trägt eine Behinderung davon, bekommen Sie von niemandem finanzielle Hilfe für anstehende Umbauten, Mehraufwendungen für Pflege oder Unterricht. Diese große Versicherungslücke sollte deswegen dringend mit einer privaten Unfallversicherung gestopft werden. Sie gilt rund um die Uhr und rund um den Globus, auch im Urlaub. Für einen relativ geringen Versicherungsbeitrag bekommt man im Schadensfall hohe finanzielle Leistungen. Die Versicherungssumme sollte möglichst hoch sein. Die oft von Versicherungsgesellschaften angebotenen 100 000 Mark reichen nicht aus. Das Fünffache ist dagegen empfehlenswert. Bevorzugen Sie lineare Tarife.

Schließen Sie eine private Unfallversicherung gleich zur Geburt ab und lassen Sie den günstigen Kindertarif dann bis zum 18. Lebensjahr laufen. Während der Berufsausbildung kann man noch recht günstig versichern – einige Versicherer bieten für diese Zeiten Ermäßigungen. Danach sollte in eine übliche Erwachsenen-Unfallversicherung gewechselt werden.

Die gesetzliche Krankenversicherung (GKV)

Hier kann jeder Mitglied werden.

Beiträge: Nach dem Bruttoeinkommen müssen im Durchschnitt 13,5 Prozent bezahlt werden. Der Arbeitgeber übernimmt die Hälfte.

Leistung: Die Kassen garantieren Grundversorgung: Patienten können z.B. nur zu den von den Kassen anerkannten Ärzten gehen, erhalten in der Klinik Mehrbett-Zimmer. Für Arzneimittel, Krankenhaus, Verbandszeug und Fahrtkosten muss der Versicherte einen Zuschuss beisteuern.

Spartipp: Seit dem 1.1.1997 darf sich jeder die Kasse selbst aussuchen – Beiträge und Leistungen vergleichen: Man kann bis zu 1 400 DM pro Jahr sparen!

Fazit: Für Familien die beste Wahl.

Versicherungspflichtig sind Arbeiter und Angestellte, deren regelmäßiges Arbeitsentgelt die jeweils geltende Grenze (Stand 2000: 6 450 Mark West bzw. 5 325 Mark Ost monatlich) nicht übersteigt. Wer versicherungspflichtig wird und bei einem privaten Krankenversicherungsunternehmen versichert ist, kann den Versicherungsvertrag vom Eintritt der Versicherungspflicht an kündigen. Nicht versicherungspflichtig sind hauptberuflich selbstständig Erwerbstätige.

Ein versicherungspflichtiges Beschäftigungsverhältnis setzt voraus, dass

- der Beschäftigte vom Arbeitgeber persönlich und wirtschaftlich abhängig ist,
- die Beschäftigung gegen Arbeitsentgelt ausgeübt wird und
- die Beschäftigung nicht geringfügig ist.

Durch Verwandtschaft des Arbeitnehmers zum Arbeitgeber wird ein versicherungspflichtiges Beschäftigungsverhältnis nicht ausgeschlossen. Allerdings ist Voraussetzung, dass tatsächlich ein abhängiges Beschäftigungsverhältnis vorliegt und nicht lediglich eine familienhafte Mithilfe erfolgt. Ein versicherungspflichtiges Beschäftigungsverhältnis ist dann anzunehmen, wenn der Familienangehörige

- in den Betrieb als Arbeitnehmer eingegliedert ist und die Beschäftigung tatsächlich ausübt;
- ein der Arbeitsleistung angemessenes Arbeitsentgelt erhält, das als Betriebsausgabe gebucht und von dem Lohnsteuer entrichtet wird;
- anstelle einer fremden Arbeitskraft beschäftigt wird.

Der Beitrag ist von Kasse zu Kasse verschieden

Der Beitrag für die GKV ist abhängig vom monatlichen Einkommen und von den kassenabhängigen Beitragssätzen. Zur Zeit liegt der durchschnittliche Höchstbeitrag bei 789 Mark, davon zahlt die Hälfte der Arbeitgeber. Bei der GKV spielen Alter und Geschlecht keine Rolle. Es gibt weder Risikozuschläge noch Wartezeiten. Ein Krankentagegeld von maximal 156 Mark ab dem 43. Tag (6. Woche) der Arbeitsunfähigkeit ist mitversichert. Im Gegensatz zur privaten Krankenversicherung (PKV) wird die Zeit, während der Krankentagegeld bezogen wird, automatisch in der Rentenversicherung angerechnet und die Krankenversicherung ist beitragsfrei gestellt.

Was die GKV leistet

Kurze Übersicht über die wesentlichen Leistungen der GKV:

- *Ambulante Heilbehandlung (umfasst ärztliche Behandlung, Medikamente, Heil- und Hilfsmittel wie Massagen und Brillen). Nicht erstattet werden Erkältungs- und Abführmittel sowie Mittel gegen Reisekrankheiten. Die Rezeptgebühr liegt je nach Packungsgröße zwischen drei und sieben Mark. Für Brillen gibt es einen Festbetrag von 20 Mark für das Gestell.*
- *Zahnbehandlung wird zu 100 Prozent erstattet. Beim Zahnersatz werden zwischen 50 und 60 Prozent der Kosten erstattet, große Brücken für mehr als drei fehlende Backen- oder vier Frontzähne werden nicht übernommen.*
- *Krankenhausbehandlung: Unterbringung im Mehrbettzimmer, Behandlung durch beliebigen Arzt. Zuzahlung: Zwölf Mark pro Tag für 14 Tage pro Jahr.*
- *Der Vollschutz der GKV umfasst auch Kuren, häusliche Krankenpflege sowie Gesundheitsfürsorge, wie etwa die Ernährungsberatung oder Sport. Im Gegensatz zur PKV wird die Versicherung beitragsfrei gestellt, während Übergangsgeld- und Krankentagegeld bezogen werden.*

Die Familie ist mitversichert

Hier ist die ganze Familie mitversichert

Egal wie viele Kinder – In der gesetzlichen Krankenversicherung ist die ganze Familie beim Hauptverdiener beitragsfrei mitversichert. Eine sozial verträgliche Gestaltung.

Zur Mitversicherung müssen dabei alle Namen im Aufnahmeantrag angegeben werden. Einzige Voraussetzung: Die Familienmitglieder dürfen nicht oder nur geringfügig beschäftigt sein. Höchstgrenze des gestatteten Verdienstes: 630 Mark im Monat.

In der letzten Zeit überprüfen dies die gesetzlichen Krankenversicherungen. Sie befragen die Mitversicherten bzw. die Eltern nach eigenen Einnahmen. Dabei geht es nicht nur um die oben genannte Einkommensgrenze. Es geht auch um Zins- und Mieteinnahmen, die beispielsweise auf ein Kind überschrieben und bislang der Krankenkasse nicht genannt wurden. Übertreffen Verdienst, Zins- und Mieteinnahmen 630 Mark im Monat, müssen Mitversicherte – die Ehegatten und Kinder – eigene Beiträge zahlen. Dabei ist zu beachten: Krankenkassen können bis zu vier Jahre lang mit einem Prozent Zinsen Beiträge nachfordern oder alle in dieser Zeit angefallenen Behandlungskosten zurückverlangen. Außerdem darf die Kasse bei begründetem Verdacht Ihre Steuererklärung einsehen.

Immer öfter: Krankenversicherungen prüfen den Verdienst von Mitversicherten

In der GKV sind die Sprösslinge bis zum Ende ihrer Schulzeit mitversichert. Mit der ersten Ausbildungsvergütung fallen die Kinder aus dem Schutz heraus. Dann werden sie selbst Pflichtmitglieder in der Krankenkasse ihrer Wahl. Als Student – und das gilt auch für ein Studium nach der Lehre – ist der junge Erwachsene familienversichert – bis zu seinem 25. Geburtstag. Dabei darf er monatlich maximal 630 Mark verdienen. Die Zeiten bei Bundeswehr oder Zivildienst werden den jungen Männern angerechnet. Ab 25 Jahren muss sich ein Student dann selbst versichern – gesetzliche und private Krankenkassen locken hier mit speziellen Tarifen. Der gesetzliche Krankenschutz ist für Studenten/innen zwischen 25 und 30 Jahren in den alten Ländern für 81,70 Mark, in den neuen Ländern für 67,90 Mark zu bekommen. Bei privater Krankenversicherung zahlen Studenten/innen bis 29 Jahre deutlich mehr: in den alten Ländern 187 Mark, in den neuen 150 Mark.

Welche Krankenkasse Sie wählen können

Versicherungspflichtig Beschäftigte

Versicherungspflichtig Beschäftigte können die Mitgliedschaft bei einer Ersatzkasse wählen; ein Wechsel von der Ersatzkasse zu einer Ortskrankenkasse ist ebenfalls möglich. Wird das Wahlrecht innerhalb von zwei Wochen nach Beginn der Beschäftigung ausgeübt und dies dem Arbeitgeber auch mitgeteilt, beginnt die Mitgliedschaft bei der gewählten Krankenkasse mit dem Tag des Eintritts in die Beschäftigung. Wird das Wahlrecht später ausgeübt, beginnt die Mitgliedschaft bei der gewählten Krankenkasse mit Beginn des dritten Monats nach Ausübung des Wahlrechts.

Ihre Wahlmöglichkeiten, wenn Sie freiwillig versichert sind

Freiwillig Versicherte

Freiwillige Mitglieder können folgende Krankenkasse wählen:

- die Krankenkasse, der sie angehören, wenn sie versicherungspflichtig wären;
- die AOK des Wohnorts;
- die Krankenkasse, bei der unmittelbar vor Beginn der freiwilligen Versicherung eine Familienversicherung bestand;
- eine Ersatzkasse.

Welche Krankenbehandlungen Ihnen zustehen

Versicherte (Mitglieder und Familienangehörige) haben Anspruch auf Krankenbehandlung, wenn sie notwendig ist, um eine Krankheit zu erkennen, zu heilen, ihre Verschlimmerung zu verhüten oder Krankenhausbeschwerden zu lindern. Die Krankenbehandlung umfasst:

- ärztliche Behandlung;
- zahnärztliche Behandlung einschließlich der Versorgung mit Zahnersatz;
- Versorgung mit Arznei-, Verband-, Heil- und Hilfsmitteln;
- häusliche Krankenpflege und Haushaltshilfe;
- Krankenhausbehandlung;
- medizinische und ergänzende Leistungen zur Rehabilitation sowie Belastungserprobungen und Arbeitstherapie.

Unter welchen Bedingungen Sie kein Krankengeld erhalten

Aussetzen des Krankengeldes

Krankengeld wird nicht gezahlt,

- soweit und solange der Versicherte beitragspflichtiges Arbeitsentgelt erhält; Zuschüsse des Arbeitgebers zum Krankengeld gelten nicht als Arbeitsentgelt, soweit diese zusammen mit dem Krankengeld das Nettoarbeitsentgelt nicht übersteigen;
- solange Versicherte Versorgungskrankengeld, Verletztengeld, Übergangsgeld, Arbeitslosengeld, Arbeitslosenhilfe, Unterhaltsgeld, Kurzarbeitergeld oder Schlechtwettergeld beziehen und zwar auch insoweit, als das Krankengeld höher ist als eine dieser Leistungen;
- solange die Arbeitsunfähigkeit der Krankenkasse nicht gemeldet wird; dies gilt nicht, wenn die Meldung innerhalb einer Woche nach Beginn der Arbeitsunfähigkeit erfolgt.

Krankenkasse	*Dauer*	*Erstattungsgrenze (in DM pro Tag)*	*Telefon*
Barmer Ersatzkasse	*Unbegrenzt*	*108 (200 für Fachkraft)*	*0 18 02/10 02 00*
BKK BPW	*Unbegrenzt*	*108*	*0 22 62/78 12 77*
BKK Barmag	*Unbegrenzt*	*108*	*0 21 91/67 23 65*
BKK Heisterholz	*Unbegrenzt*	*108*	*0 57 07/81 11 43*
BKK für Heilberufe	*Unbegrenzt*	*108*	*02 11/53 72 80*
BKK Paul Hartmann	*Unbegrenzt*	*108*	*0 73 21/36 16 90*
BKK Marquardt	*Unbegrenzt*	*108*	*0 74 24/38 21*
BKK Zanders Feinpapiere	*Unbegrenzt*	*108*	*0 22 02/15 41 83*
BKK ZF	*Unbegrenzt*	*108*	*0 75 41/77 31 88*
BKK Boge	*Unbegrenzt*	*108*	*0 22 43/1 22 76*

Haushaltshilfe, wenn die Eltern krank sind
Wer im Krankenhaus liegt oder sich gerade in einer Kur befindet, hat Anspruch auf eine Haushaltshilfe. Allerdings gibt es dabei eine Einschränkung: Die Krankenkassen übernehmen diese Kosten nur, wenn ein Sprössling unter 13 Jahren oder ein behindertes Kind im Haushalt lebt. Die Kassen können aber in ihren jeweiligen Satzungen weitere Fälle definieren, in denen sie die Kosten tragen. Für Verwandte, die als Hilfe einspringen, gibt es nämlich in aller Regel – bis auf die Fahrtkosten – kein Geld.

Der günstigste Beitrag ist der beste

Die Leistungen sind zu 90 Prozent gesetzlich vorgeschrieben

Im Sozialgesetzbuch ist geregelt, wofür die gesetzlichen Krankenkassen ihre Mitgliederbeiträge ausgeben dürfen. Die Leistungen der Krankenkassen sind zu 90 Prozent vorgeschrieben. Und dies gilt für Ersatzkassen, die allgemeinen Ortskrankenkassen und die Betriebskrankenkassen.

Das bedeutet: Die genannten Krankenkassen sind in ihren Leistungen vergleichbar. Es gibt allerdings einen gewissen Spielraum bei Mutter-Kind-Kuren, häuslicher Krankenpflege, Haushaltshilfen und bei Reha-Leistungen. Das sind Möglichkeiten, die von den Kassen aktiv genutzt werden.

Trotzdem ist primär der Beitragssatz einer Krankenkasse entscheidend. Denn heute kann jeder die Krankenkasse wechseln – Pflichtversicherte und freiwillig Versicherte. Und das ohne Risiko. Versicherte, die umsteigen wollen oder umgestiegen sind, haben keinerlei Nachteile zu befürchten.

Pflichtmitglieder (Verdienst unter 6 450 Mark im Monat in den alten, unter 5 325 Mark in den neuen Bundesländern) können nur zum Jahresende die Krankenkasse wechseln. Mit einer regulären Kündigungsfrist von drei Monaten. Der Stichtag ist der 30. September. Bis dann muss der Pflichtversicherte schriftlich, aber formlos kündigen, um im Folgejahr in einer anderen Kasse sein zu können. Doch hierbei gibt es eine Ausnahme: Sie wechseln den Arbeitgeber. Dann können Sie sich innerhalb von zwei Wochen nach Arbeitsbeginn für eine andere Kasse entscheiden. In dieser muss man dann aber mindestens ein Jahr bleiben. Freiwillig Versicherte, die aufgrund der Höhe ihres Gehaltes auch eine private Krankenversicherung wählen könnten, dürfen jederzeit mit einer Frist von zwei Monaten kündigen.

Ein Krankenkassenwechsel ist für Sie mit keinerlei Nachteilen verbunden ...

Den gesetzlich Krankenversicherten stehen derzeit 140 Kassen zur Wahl. Dabei gibt es allerdings teilweise regionale Zuordnungen. Der Vergleich von teuren zu günstigen Versicherern lohnt sich. Hier lassen sich spürbare Einsparungen im Portemonnaie ausmachen: bei Geringverdienern etwa 500 Mark im Jahr, bei besser Verdienenden 1 000 Mark im Jahr.

Viele Betriebskrankenkassen versichern günstig. Im Durchschnitt mit 12,7 Prozent. Der Durchschnitt aller gesetzlichen Krankenkassen liegt dagegen bei 13,5 Prozent. 1998 kamen 75 Prozent der Neukunden der etwa 100 Betriebskrankenkassen von den großen Ersatzkassen wie Barmer, DAK oder Techniker. 20 Prozent der Neukunden waren zuvor Mitglied einer Allgemeinen Ortskrankenkasse (AOK). Fast ein Drittel der 351 Betriebskrankenkassen hatte sich für jedermann geöffnet.

Um die Versicherten ist zwischen den Krankenkassen ein starker Wettbewerb entbrannt. So behaupten die großen Versicherer, dass vor allem junge, gesunde und gutverdienende Versicherte in die Betriebskrankenkassen strömen, weil sich diese speziell um diese Klientel bemühten. Zudem würden sie sich nach Belieben öffnen oder schließen für neue Mitglieder.

... und kann Sparen helfen

Dieses Verhalten will das Gesundheitsreformgesetz 2000 ändern. Denn es friert den Status quo der Betriebskrankenkassen ein. Bis Ende 2000 sollen keine weiteren Betriebskrankenkassen ihre Pforten für

Versicherte öffnen dürfen, die nicht einem dahinter stehenden Betrieb angehören.

Wie Sie die Krankenkasse wechseln

Keine teuren medizinischen Behandlungen mehr für alte Menschen mit schlechten Heilungschancen? Die Entscheidung, ob ein Patient ein bestimmtes teures Medikament bekommt, trifft in der Regel der Arzt – und oftmals hängt das Leben eines Versicherten von seinem Geldbeutel ab. Bei den Krankenkassen hingegen geht es um Macht, um Geld und um Ansehen. Gewinner aufgrund der freien Krankenkassenwahl sind auf jeden Fall die Versicherten, denn sie dürfen nach Belieben jeweils zum Stichtag 1. Januar (schriftliche Kündigung per Einschreiben/Rückschein bis zum 30. September) den Anbieter wechseln. Nach Ablauf der dreimonatigen Kündigungsfrist wird der Wechsel mit Beginn des neuen Jahres wirksam.

Erhöht eine Kasse ihren Beitragssatz oder ändert die Satzungsleistungen, kann der Versicherte jederzeit mit einmonatiger Kündigungsfrist zum Monatsende kündigen. Wer seinen Beruf wechselt oder eine neue Stelle antritt, darf gleichzeitig eine Kasse seiner Wahl bestimmen. In allen anderen Fällen ist die folgende Regelung verpflichtend: Der einmal gewählten Krankenkasse müssen die Mitglieder ein Jahr lang die Treue halten. Innerhalb dieser Zeitspanne ist also kein Wechsel möglich.

Rangplätze „Zufriedene Kunden“

1. *Gmünder Ersatzkasse*
2. *Techniker Krankenkasse*
3. *Betriebskrankenkassen*
4. *Bundesknappschaft*
5. *Barmer Ersatzkasse*
6. *Innungskrankenkassen*
7. *DEBEKA (private Krankenversicherung)*
8. *Kaufmännische Krankenkasse*
9. *DAK (Deutsche Angestellten-Krankenkasse)*
10. *AOK (Allgemeine Ortskrankenkassen)*

Quelle: Kundenbarometer Deutschland (Stand 9.99)

Wahl-Regeln

Jede bundesweit geöffnete Kasse muss Wechselwillige aufnehmen, selbst reumütige Rückkehrer. Dass immer mehr geöffnete Kassen – wie etwa die Techniker Krankenkasse, die BKK für Heilberufe oder die BKK Flender für steuerberatende und juristische Berufe – Mitgliederselektion nach ihrem Namen betreiben wollen, sollte Sie nicht irritieren: Auch sie müssen jeden aufnehmen, der anklopft. Selbst für Rentner lohnt es sich, die Bei-

Die Preisunterschiede sind enorm

tragssätze zu vergleichen. Denn seit Mitte 1997 zahlen sie die regulären Sätze ihrer Krankenkassen, vorher war lediglich der Durchschnitt aller Kassen maßgebend.

Das erste Kriterium bei der Wahl der Kasse ist der Beitragssatz, denn die Preisunterschiede sind enorm. Und: Je höher das Einkommen, desto größer die Ersparnis. Auch muss derjenige, der beim Preis spart, nicht zum Patienten zweiter Klasse werden. Vielmehr sind die Leistungen bei allen Kassen nahezu gleich, da der Gesetzgeber sie weitgehend vorgeschrieben hat. Unterschiede gibt es hauptsächlich bei Kuren, Haushaltshilfen oder Versorgungsmaßnahmen, wo sich einige Kassen großzügiger zeigen. Größer werden die Differenzen hingegen beim Service. Hier gilt: Wer eine Geschäftsstelle in der Nähe haben will, zahlt meist mehr. Bei den günstigen BKK muss der Versicherte alles schriftlich oder telefonisch erledigen.

Die preiswertesten Kassen

Für alle Arbeitnehmer, die sich gesetzlich krankenversichern wollen (Stand 9.99).

Bei welchen Kassen Sie günstig versichert sind

Krankenkassen	Telefon
BKK Zollern-Alb	01 80/3 22 15 67
BKK für Heilberufe	02 11/53 72 80
BKK Flender	0 28 71/92 22 40
BKK Dräger	01 30/85 50 80
Conpart – Meine BKK	05 11/9 23 65 83
BundesInnungskrankenkasse BIG	01 30/18 47 40
BKK Securvita	01 30/17 69 17
BKK Philips Medizin Systeme	01 30/11 27 33
Kaiser´s BKK	01 30/18 19 17
BKK Direkt	01 30/18 15 49
BKK Esso	01 80/3 00 01 79
BKK Kelsterbach	0 61 07/77 12 29
BKK Delius	05 21/54 32 55

Krankenkassen	*Telefon*
BKK Burger Söhne	*0 77 22/70 60*
BKK Gienanth Eisenberg	*0 63 51/40 81 48*
BKK Kissing	*0 23 73/93 71 19*
BKK Breuninger	*07 11/2 11 18 44*
Nürnberger BKK	*01 30/12 12 80*
BKK Preussag	*0 53 41/40 50*
BKK Zeppelin	*0 75 41/3 00 60*
BKK Neckermann	*0 69/4 04 82 71*

Versicherte, die nur bestimmte Leistungen wie Zahnprophylaxe in Anspruch nehmen, erhalten bei folgenden Kassen einen Teil ihrer Beiträge zurück:

Manche Kassen zahlen den Beitrag zum Teil zurück

Krankenkasse	*Telefon*
AOK Berlin	*0 30/25 31 20 00*
AOK Hamburg	*0 40/20 33 01 12*
BKK Hoesch Dortmund	*01 30/73 87 40*
BKK Bavaria	*09 11/45 09 59 90*
BKK MTU Friedrichshafen	*0 75 41/90 22 51*

Die folgenden Kassen räumen ihren Versicherten die Möglichkeit ein, monatlich einen abgesenkten Beitrag zu zahlen. Dafür müssen sie im Gegenzug Leistungen bis zu einem vereinbarten Betrag (z.B. 70 Mark im Monat) aus eigener Tasche zahlen. Wer das ganze Jahr ohne Gesundheitsdienste auskommt, spart in diesem Fall 840 Mark.

Krankenkasse	*Maximale Reduktion*	*Telefon*
BKK Hochrhein-Wiesental	*1 200 DM*	*0 76 23/72 34 00*
BKK IHV – Die Naturalheil-Kasse	*840 DM*	*01 30/82 51 14*
BKK Iveco Magirus	*900 DM*	*01 80/25 85 91*
BKK Schenck	*1 200 DM*	*08 00/4 00 50 06*
Gemeinsame BKK der Wieland Werke	*600 DM*	*07 31/9 44 23 82*

Auch die Mehrzahl der deutschen Großunternehmen leistet sich mittlerweile eigene Betriebskrankenkassen.

Die Betriebskassen großer Unternehmen

Krankenkasse	Telefon
Allianz	0 89/38 00 33 55
Bayer	02 14/3 06 13 01
Daimler Benz	09 00/4 19 19 19
Deutsche Bank	01 30/25 77
Henkel	0 40/7 97 89 24
Hoechst	0 69/3 05 61 73
Karstadt	08 00/2 55 46 36
Opel	0 61 42/76 20 84
Ruhrgas	02 01/1 84 37 82
Volkswagen	0 53 61/18 34 36

Regional verbreitet, aber teuer sind folgende Kassen: AOK Berlin, AOK Brandenburg, AOK Hamburg, AOK Mecklenburg-Vorpommern, AOK Niedersachsen, AOK Sachsen-Anhalt, AOK Thüringen, BKK Eko Stahl, BKK Land Berlin, BKK Stadt Hamburg, IKK Mittelsachsen, IKK Südostthüringen, IKK Westthüringen.

Die günstigsten Krankenkassen
(aufgeteilt nach Bundesländern, Stand 9.99)

Bundesland	Krankenkasse	Telefon
Baden-Württemberg	BKK Hochrhein-Wiesental	0 76 23/72 34 00
	Schwenninger BKK	0 77 20/9 72 70
	BKK Calwer Decken	0 70 52/9 32 30
	BKK Junghans & Partner	0 74 22/9 53 20
Bayern	Schwenninger BKK	0 77 20/9 72 70
	BKK Junghans & Partner	0 74 22/9 53 20
	Die Persönliche BKK	0 18 03/67 12 58
	BKK Akzo Nobel Obernburg	0 60 22/81 21 66
	BKK Bauknecht	0 18 05/00 03 42
	BKK Werra-Meissner	0 18 03/25 49 81
Berlin	BKK Hochrhein-Wiesental	0 76 23/72 34 00

Bundesland	Krankenkasse	Telefon
Berlin	BKK Verkehrsbau Union	0 18 02/31 31 72
	Mitteldeutsche BKK	0 18 02/35 83 58
Brandenburg	BKK Philipp Holzmann	0 18 02/22 13 22
	BKK Verkehrsbau Union	0 18 02/31 31 79
	BKK Bau	01 30/12 13 79
	BKK umedia	0 18 02/22 31 36
Bremen	BKK Bauknecht	0 18 05/00 03 42
	Mitteldeutsche BKK	0 18 02/35 83 58
	BKK Unterweser	04 21/6 48 32 61
	BKK Bavaria	09 11/45 09 59 90
Hamburg	BKK Verkehrsbau Union	0 18 02/31 31 72
	Mitteldeutsche BKK	0 18 02/35 83 58
	BKK Bauer Druck Köln	02 21/7 70 93 77
	BKK Bavaria	09 11/45 09 59 90
Hessen	Schwenninger BKK	0 77 20/9 72 70
	BKK Bauknecht	0 18 05/00 03 42
	BKK Werra-Meissner	0 18 03/25 49 81
	BKK Ost-Hessen	0 60 35/16 83
	Mitteldeutsche BKK	0 18 02/35 83 58
Mecklenburg-Vorpommern	BKK Philipp Holzmann	0 18 02/22 13 22
	BKK Verkehrsbau Union	0 18 02/31 31 72
	BKK umedia	0 18 02/22 31 36
	BKK Bohlen & Doyen	0 49 44/30 11 30
Niedersachsen	BKK Der Partner	0 49 31/9 44 30
	BKK Bauknecht	0 18 05/0 03 42
	BKK der Staatlichen Bau-Verwaltung Oldenburg	04 41/6 80 80
	Mitteldeutsche BKK	0 18 02/35 83 58
Nordrhein-Westfalen	BKK Akzo (Rheinland)	0 24 52/15 22 40
	BKK Hochrhein-Wiesental (Westfalen-Lippe)	0 76 23/72 34 00
	BKK Junghans & Partner (Westfalen-Lippe)	0 74 22/9 53 20
	BKK Bauknecht (ganz NRW)	0 18 05/00 03 42

In dieser Liste finden Sie garantiert eine Kasse, die Sie kostengünstig versichert

Die günstigsten Krankenkassen
(aufgeteilt nach Bundesländern, Stand 9.99)

Bundesland	Krankenkasse	Telefon
Nordrhein-Westfalen	Mitteldeutsche BKK (Rheinland)	0 18 02/35 83 58
	BKK Voith & Partner (Rheinland)	0 73 21/37 25 00
Rheinland-Pfalz	Mitteldeutsche BKK	0 18 02/35 83 58
	BKK PWA	0 80 35/8 03 27
	BKK Hegau-Bodensee	08 00/12 39 43 33
	BKK Hermann Heye	0 57 24/95 15 12
Saarland	BKK Bauknecht	0 18 05/00 03 42
	BKK Iveco Magirus	0 18 02/25 85 91
	BKK Schenck	08 00/4 00 50 06
	BKK Bosch	01 30/86 51 98
Sachsen	BKK Hoesch Dortmund	01 30/73 87 40
	BKK Neun Plus	0 18 02/25 49 82
	BKK Philipp Holzmann	0 18 02/22 13 22
	BKK Verkehrsbau Union	0 18 02/31 31 72
Sachsen-Anhalt	BKK Hoesch Dortmund	01 30/73 87 40
	BKK Philipp Holzmann	0 18 02/22 13 22
	BKK Verkehrsbau Union	0 18 02/31 31 72
	BKK Bau	01 30/12 13 79
Schleswig-Holstein	Mitteldeutsche BKK	0 18 02/35 83 58
	BKK Ahlmann	0 43 31/3 50 00
	BKK Bohlen & Doyen	0 49 44/30 11 90
	BKK Rheinland	0 18 02/23 75 31
Thüringen	BKK Neun Plus	0 18 02/25 49 82
	BKK Philipp Holzmann	0 18 02/22 13 22
	BKK Verkehrsbau Union	0 18 02/31 31 72
	BKK Bau	01 30/12 13 79

Immer mehr Kassen bieten spezielle Leistungen an

Nicht in allen Fällen zählt der Beitrag allein, und so profilieren sich immer mehr Kassen durch spezielle Mehrleistungen bzw. durch ein besonderes Know-how. Wer etwa wegen chronischer Leiden spezialisierte und geschulte Kassenmitarbeiter mit Insiderwissen sucht, ist nicht bei jedem billigen Anbieter gleich gut aufgehoben. Das Alltagsgeschäft zwischen Auslandskrankenschein und Kostenvoranschlägen von Zahnärzten bestimmt bei den meisten das Wissen. Dennoch: Ein hoher Beitragssatz garantiert noch lange keine Spitzenleistung. Wer auf bestimmte Hilfestellungen angewiesen ist, sollte genau überlegen, ob sich der Wechsel in eine spezialisierte Krankenkasse mit möglicherweise höherem Beitrag lohnt. Im Zweifelsfall einfach ausprobieren und spätestens in einem Jahr wieder aussteigen.

Ein hoher Beitrag garantiert nicht unbedingt eine hohe Leistung

Sonderleistungen einzelner Krankenkassen

Jede Kasse hat das Recht, mit Ärzten und anderen Leistungserbringern unkonventionelle Methoden auf ihre Effizienz hin auszuprobieren. Die Teilnahme der Versicherten ist freiwillig. In der Regel laufen die Modellversuche zwei bis vier Jahre unter Federführung einer Kasse. Danach wird entschieden, ob die meist regionalen Versuche bundesweit von allen Krankenkassen angeboten werden dürfen.

Krankenkassen	Modellversuch	Telefon
AOK Bayern	Balneo-Phototherapie zur Behandlung chronischer Hauterkrankungen	0 18 02/24 64 65
AOK Bremen/ Bremerhaven	Ambulante Netzhaut- und Glaskörperchirurgie zur Behandlung von Grauem Star	04 21/1 76 12 22
BKK August Bilstein	Schwelmer Modell: Spezialverfahren zur Neurodermitis-Behandlung	0 23 33/98 72 99
BKK Hoesch Dortmund	Klassische Massage und Reflexzonenmassage	01 30/73 87 40
BKK VEW	Eigenbluttherapie zur Allergiebehandlung	02 31/4 38 13 20
BKK Volkswagen	Früherkennung von Folgen bei Diabetes mellitus	0 53 61/18 34 36
Gmünder Ersatzkasse GEK	Nasendusche zur Behandlung von Erkältungskrankheiten	01 30/12 31 77
Hanseatische Krankenkasse HEK	Gruppenkuren am Wohnort	0 40/6 56 96 11
IKK Görlitz	Gesundheits-Check für Jugendliche	0 35 81/6 66 60
Barmer	Praxis-Netz Rendsburg: Kooperation von 38 Ärzten verschiedener Fachrichtungen zur besseren Betreuung der Patienten	0 18 02/10 02 00

Natur- statt Schulmedizin

Viele Methoden wie Kneipp- oder Lichttherapien, die bei den meisten Patienten noch immer unter dem Begriff „alternativ" laufen, sind längst wissenschaftlich anerkannt. Die Versicherten freut es, denn damit müssen die Kassen die Behandlung bezahlen, sobald sie der Arzt verordnet. Auch bei umstrittenen Anwendungen ist der Patient nicht ganz ohne Chance: Hat die Schulmedizin versagt oder ist sie für einen Patienten nicht durchführbar, weil dieser etwa bestimmte Medikamente nicht verträgt, dann kann er auf Erstattung pochen. Hierbei haben sich einige Kassen spezialisiert.

Krankenkasse	*Spezialisierung (Auswahl)*	*Telefon*
BKK Flender	*Heileurythmie, Hyperbare Sauerstoff-Behandlung, Regulationsthermographie*	*0 28 71/92 22 40*
BKK Securvita	*Homöopathie, Bioenergetische und Regulationsmedizin, Phytotherapie*	*01 30/17 69 17*
BKK Zanders	*Elektroakupunktur, Colon-Hydrotherapie, Physiotherapie*	*0 22 02/15 41 83*
BKK IHV – Die Naturheilkasse	*Ausgefallene Hydrotherapien, Neuraltherapie*	*01 30/82 51 14*
IKK Hamburg	*Anthroposophische Medizin, Klassische Homöopathie, Neuraltherapie und Akupunktur*	*01 30/86 09 01*

Die Rechte der Patienten

Trotz der Gesundheitsreform sind viele Rechte der Patienten vom Bundessozialgericht (BSG) festgelegt worden – hier die wichtigsten Urteile:

- **Stichwort Bettwäsche:** Allergiker müssen sich oft völlig neu einrichten, um von Allergien (z.B. Hausstaub) weitgehend verschont zu bleiben. Auch Anti-Allergie-Bezüge für Matratzen gehören dazu. Die Preisdifferenz zu normaler Bettwäsche muss die Kasse tragen, wenn der Arzt des Allergikers die Wäsche empfiehlt (BSG, Az. 1 RK 8/95).
- **Stichwort Krankengeld:** Bei Berufsunfähigkeit müssen Kassen nicht mehr bezahlen. Aber: Das gilt nur bei gesetzlicher Berufsunfähig-

keitsrente. Kommt die dagegen von einer privaten Versicherung oder vom beruflichen Versorgungswerk, gibt es weiter Krankengeld (BSG, Az. 1 RK 19/95).

Fordern Sie Ihr gutes Recht

- **Stichwort Spezialnahrung:** wird nur von der Kasse bezahlt, wenn es Mineralstoffe und Salze sind, die der Arzt verschreibt. Diät (fettarm, eiweißfrei) dagegen nicht, weil man dafür praktisch nur „normale“ Lebensmittel benötigt (BSG, Az. 1 RK 23/95).
- **Stichwort Naturheilmittel:** Handelt es sich um anerkannte Medikamente, die von einem Arzt (nicht Heilpraktiker) verschrieben werden, muss die Kasse zahlen (BSG, Az. 1 RK 8/94).
- **Stichwort Kieferkorrekturen:** übernehmen Kassen bei Erwachsenen jetzt nicht mehr. Aber: Wird die Behandlung wegen eines Unfalls nötig, muss die Kasse voll zahlen (BSG, Az. 1 RK 11/97).
- **Stichwort Hilfsleistungen:** Zu den Kosten, die die Krankenkasse übernehmen muss, zählen nicht nur die Ausgaben für Medikamente oder Ärzte. Der Versicherte kann unter Umständen auch die Erstattung von Kosten verlangen, die bei Hilfsleistungen entstehen. Beim entsprechenden Urteil ging es um eine kranke Frau, die ihre Medikamente nicht mehr allein einnehmen konnte und auf Hilfe angewiesen war (LG Sachsen-Anhalt, Az. L 4 Kr 30/97 – 10/97).

Auch Kuren im Ausland sind möglich

- **Kuren im Ausland:** Oft tun sich die Krankenkassen bei der Genehmigung von Auslandskuren schwer. Die gesetzlichen Vorschriften sehen in der Regel Behandlungen im Inland vor (BSG, Az. 1 RK 5/95). Geprüft werden muss aber in jedem Einzelfall, ob die inländischen Behandlungsmethoden ausreichend in Anspruch genommen wurden und ausschließlich eine Behandlung im Ausland zum Erfolg führen kann. Generelle Erkenntnisse oder statistische Erhebungen sind für die Ablehnung der Kur nicht ausreichend. Die Gerichte weisen ausdrücklich darauf hin, dass für die Genehmigung einer Auslandskur kein Grund zur Ablehnung besteht, wenn innerdeutsche Therapiemöglichkeiten im jeweiligen Einzelfall ausgeschöpft wurden. Von daher hält auch eine Kur am Toten Meer einem Kostenvergleich stand.

Darauf müssen Familien achten

Ein Arzt bzw. Heilpraktiker haftet für den Fall, dass er oder einer seiner Mitarbeiter die erforderliche Sorgfalt außer Acht lässt, dabei fahrlässig einen Fehler macht (§§ 276, 278 BGB) und der Patient hierdurch einen Schaden erleidet. Der Betroffene hat für diesen Fall Anspruch auf Schadenersatz, der stets in Geld abgegolten wird. Unabhängig vom Schadenersatz kann Schmerzensgeld verlangt werden, wenn bei „Verletzung des Körpers oder der Gesundheit" (§ 847 BGB) auch noch körperlicher oder seelischer Schmerz zugefügt wurde.

Bei Arztfehlern: Wenden Sie sich an Krankenkasse und Patientenschutz-Organisationen

Es ist Aufgabe der Krankenkassen, geschädigte Mitglieder zu unterstützen (§ 66 SGB V). Nach entsprechendem Rat durch eine Patientenschutz-Organisation besteht zudem die Möglichkeit, bei einer Schlichtungsstelle der zuständigen Landesärztekammer eine außergerichtliche Einigung anzustreben. Erscheinen die Schlichter nicht als objektiv, bleibt das Recht zu prozessieren bestehen – und zwar solange, wie man ein Abfindungsangebot nicht unterschrieben hat.

Wichtig: Kunstfehler-Prozesse sind oft langwierig. Ärztepfusch verjährt deshalb erst nach 30 Jahren (§ 195 BGB), bei unerlaubten Handlungen allerdings schon nach drei Jahren (§ 852 BGB) – nicht

Wichtige Adressen in Streitfällen

Adressen:

- *Notgemeinschaft Medizingeschädigter in NRW e.V., Ulmenallee 15, 41540 Dormagen*
  Tel.: 0 21 33/4 67 53, Sprechzeiten: Montag, Mittwoch, Freitag 9-12 Uhr und 19-22 Uhr
- *Bundesarbeitsgemeinschaft der Patientinnenstelle, Auenstr. 31, 80469 München*
  Tel.: 0 89/77 25 65, Sprechzeiten: Montag 17-20 Uhr und Donnerstag 10-13 Uhr; die Gemeinschaft vermittelt die nächstgelegene unabhängige Patientenberatungsstelle und verschickt Broschüren (z.B. Patientenrechte – Ärztepflichten)
- *Arbeitskreis Kunstfehler in der Geburtshilfe e.V. (AKG), Münsterstr. 261, 44145 Dortmund*
  Tel.: 02 31/52 58 72 oder 02 31/57 48 46, Sprechzeiten: Montag, Mittwoch 8.00-16.30 Uhr, Dienstag 12.00-16.30 Uhr und Donnerstag 12-20 Uhr
- *Allgemeiner Patienten-Verband, Postfach 1126 in 35001 Marburg/Lahn, Tel.: 0 64 21/6 47 35*
- *Deutscher Patientenschutzbund, Adenauerallee 11 in 53111 Bonn, Tel.: 02 28/27 88 01*

jedoch, solange mit dem Arzt verhandelt oder wenn in der Frist eine Gerichtsklage erhoben wird.

Umkehr der Beweislast im Arzthaftungsprozess: Nimmt ein Patient den behandelnden Arzt auf Schadenersatz in Anspruch, muss er beweisen, dass dem Arzt schuldhaft ein Behandlungsfehler unterlaufen und dieser für den eingetretenen Schaden ursächlich ist. Im Falle eines groben Behandlungsfehlers tritt jedoch zu Lasten des Arztes eine Umkehr der Beweislast ein. Dies erschwert häufig die Aufklärung des Behandlungsverlaufs. Liegt der ärztliche Behandlungsfehler nicht in der Fehlinterpretation von Befunden, sondern in deren Nichterhebung, kann dem Arzt nur eine unterlassene Diagnosestellung vorgeworfen werden. Auch diese kann sich aber bei einer zweifelsfrei gebotenen Befundung als schwerer Behandlungsfehler darstellen (BGH, Az. VI ZR 205/93).

Die private Krankenversicherung (PKV)

Mitglieder müssen mindestens 6 450 Mark (West) bzw. 5 325 Mark (Ost) brutto (Stand 2000) verdienen.

***Leistung:** Mehr Luxus. Bei einem Klinikaufenthalt hat man z.B. Anspruch auf 1- oder 2-Bett-Zimmer, der Chefarzt behandelt selbst. Höhere Zuzahlungen bei Zahnersatz, Brille etc.*

***Nachteile:** Im Prinzip ist kein Wechsel zur gesetzlichen Kasse mehr möglich, hohe Beiträge im Alter.*

***Anbieter:** Es gibt zirka 50 Unternehmen (z.B. DKV).*

Wer Familie plant, zahlt drauf (Familienmitglieder werden nicht gratis mitversichert!).

***Fazit:** Für Familien meist nicht geeignet.*

Die PKV steht in einer gewissen Konkurrenz zu der GKV. Arbeiter und Angestellte sind bis zu einer bestimmten Verdienstgrenze (Jahres-Arbeitsentgeltgrenze = Beitragsbemessungsgrenze in der Krankenversicherung) Pflichtmitglieder der gesetzlichen Krankenkassen. Die PKV ist daher ein Vorsorgeinstrument für Selbstständige, Beamte und höher verdienende Arbeiter und Angestellte. Aber auch die Mitglieder der gesetzlichen Krankenkassen können sich zur Ergänzung des gesetzlichen Versicherungsschutzes zusätzlich privat versichern.

In der GKV richtet sich der Beitrag nach dem beitragspflichtigen Entgelt bzw. Einkommen bis zur Höhe der jeweils geltenden Beitragsbemessungsgrenze. Dagegen richtet sich die Prämie in der PKV u.a. nach dem Eintrittsalter. Auch die Eigenbeteiligung und die gewählten Tarif- bzw. Leistungsstufen bestimmen die Prämienhöhe.

Wenn Sie in die PKV wechseln wollen

Worauf Sie beim Wechsel in die PKV achten sollten

- Im Unterschied zur GKV hat die PKV die Möglichkeit, den Versicherungsvertrag ohne Angabe von Gründen abzulehnen.
- Vor Abschluss des Versicherungsvertrages ist es wichtig, die „Allgemeinen Versicherungsbedingungen" des jeweiligen PKV-Unternehmens durchzulesen. Diese bestehen aus dem Teil I (einheitliche Musterbedingungen des Verbandes der privaten Krankenversicherung) und dem Teil II (Tarif mit den unternehmenseigenen Tarifbestimmungen).
- Grundlage des Versicherungsvertrages ist der Versicherungsantrag, der wahrheitsgemäß auszufüllen ist (vorvertragliche Anzeigepflichten). Alle dem Versicherten bekannten Umstände, auf ein erhöhtes Risiko hinzuweisen, sind dem Versicherer anzuzeigen. Werden die Fragen nicht zutreffend oder unvollständig beantwortet, kann der Versicherer vom Antrag zurücktreten bzw. bei falschen Angaben oder verschwiegenen Fakten den Vertrag zu einem späteren Zeitpunkt für ungültig erklären. In diesem Fall sind bereits erhaltene Versicherungsleistungen wieder zurückzuzahlen.
- Der Antragsteller kann von seinem PKV-Vertrag zurücktreten, wenn die PKV nicht innerhalb einer Frist von sechs Wochen die Annahme des Versicherungsantrages bestätigt.
- Bis der Neukunde in den Genuss des vollen PKV-Versicherungsschutzes kommt, muss er grundsätzlich den Ablauf einer Wartezeit erfüllen. Durch diese Wartezeit verhindern die PKV-Unternehmen, dass sie unmittelbar nach Versicherungsbeginn für eintretende bzw. vorhandene Krankheitsfälle in Anspruch genommen werden. Mit Ausnahme von Unfällen beträgt die allgemeine Wartezeit drei Monate, für Entbindung, Psychotherapie, zahnärztliche und kieferorthopädische Behandlung und Zahnersatz meist acht Monate. Dies bedeutet für den Kunden der PKV, dass er z.B. bei Inanspruchnahme eines Zahnarztes innerhalb der achtmonatigen Wartezeit die Kosten einer notwendigen Behandlung selbst zu tragen hat.
- Für Versicherungsfälle, die vor Beginn des Versicherungsschutzes eingetreten sind, wird nicht geleistet, auch nicht nach Ablauf der Wartezeit. Für frühere Krankheiten, deren Wiederaufleben möglich ist (d.h. die beim Beitritt nicht behandlungsbedürftig waren, wie z.B. Wirbelsäulen- oder Herzerkrankungen), kann die PKV Leistungsausschlüsse oder Risikozuschläge vorsehen.

Die Beweislast für ein vermindertes Krankheitsrisiko liegt beim Kunden

Zwar hat der Kunde nach den §§ 41 a und 42 des Versicherungsvertragsgesetzes jederzeit einen Rechtsanspruch auf Wegfall oder Reduzierung des Zuschlags. Vorausgesetzt, die Krankheit ist auskuriert oder hat sich deutlich gebessert. Auch dann, wenn der Zeitpunkt vor Ablauf der vereinbarten Frist liegt. Aber selbst wenn der Versicherte über längere Zeit beschwerde- und behandlungsfrei gewesen ist, kann das Unternehmen den Mehrbeitrag bis zum Vertragsende kassieren. Denn die Beweislast für das verminderte Krankheitsrisiko liegt beim Kunden. In der Regel muss der Versicherte aktiv werden und die Gesellschaft auffordern, den Zuschlag erneut zu prüfen, und gegebenenfalls ein Attest vorlegen. Hartnäckigkeit zahlt sich aus.

Bleibt der Versicherer bei der Auffassung, „einmal Risikozuschlag, immer Risikozuschlag", hilft dem Kunden die Beschwerde beim Bun-

GKV und PKV im direkten Vergleich

Unterschiede zwischen GKV und PKV

- *Für freiwillige oder versicherungspflichtige Mitglieder der GKV kommen bestimmte Leistungseinschränkungen bzw. –ausschlüsse nicht in Betracht. Der Versicherungsschutz in der GKV beginnt mit der Mitgliedschaft. Selbst wenn das Mitglied bei Versicherungsbeginn erkrankt oder behandlungsbedürftig ist, übernimmt die GKV – ohne Wartezeit – sofort die Kosten der Behandlung. Ein Zurückweisungsrecht wie in der PKV besteht in der GKV nicht.*
- *Für bestimmte Leistungen sehen die Versicherungsbedingungen der PKV zusätzlich noch Leistungsbegrenzungen vor. Anders als in der GKV besteht für die PKV keine Leistungspflicht bei vorsätzlich verursachten Erkrankungen, Suchterkrankungen, Unterbringung in Pflege- und Verwahrheimen sowie bei Kur- und Sanatoriumsaufenthalten.*
- *Pflichtversicherte haben keine freie Krankenhauswahl. Beispiel: Sie wählen eine Ihnen bekannte Klinik für eine seit langem geplante Operation, dieses Krankenhaus gehört aber nicht zu den Vertragshäusern Ihrer gesetzlichen Krankenkasse. Pech für Sie, denn die Versicherung wird sich weigern, die Kosten zu übernehmen. Begründung des LSozG NRW, Az. L 16 Kr 132/94: Als Kassenpatient haben Sie lediglich die Wahl zwischen Kliniken, die in einem Vertragsverhältnis zu Ihrer Versicherung steht. Nur wenn eine Behandlung dort nicht möglich ist oder ein Notfall vorliegt, können ausnahmsweise die Kosten von einer nicht zugelassenen Klinik übernommen werden.*
- *Wenn Sie also einen besseren Schutz als den Ihrer GKV wünschen, reicht oft der Abschluss einer privaten Zusatzversicherung.*

desaufsichtsamt in Berlin und/oder – nach Fristsetzung – das Einschalten eines Rechtsanwaltes weiter. Einen Rechtsanspruch ohne Wenn und Aber hat der Kunde dagegen bei Sondervereinbarungen nach dem Muster „Nach x-jähriger Behandlungs- und Beschwerdefreiheit entfällt der Risikozuschlag". Auch auf einen von der Gesellschaft angebotenen Leistungsausschluss sollte sich der Kunde nicht einlassen. Rechtsstreitigkeiten sind dann programmiert.

Familien kommen in der PKV meist schlechter weg

Für Familien ist die PKV meist ungeeignet

Auf den ersten Blick scheinen private Krankenversicherungen günstiger zu sein. Das stimmt aber so nicht für Familien. Denn das große Plus eines gesetzlichen Krankenversicherungsschutzes ist die Mitver-

Argumente für die GKV

Stichwort Erziehungsurlaub:
Bei der gesetzlichen Krankenversicherung bleiben Pflichtversicherte beitragsfrei. Freiwillig Versicherte bleiben nur beitragsfrei, wenn auch der Ehepartner gesetzlich versichert ist. Ist der Partner aber privat versichert, gilt die Hälfte seines Einkommens als Basis für den Kassenbeitrag desjenigen, der im Erziehungsurlaub ist.
Privat Versicherte müssen während des Erziehungsurlaubes weiter Beiträge zahlen. Nur wenige Versicherer bieten einen sechs Monate langen beitragsfreien Schutz.
Der Ausweg: Ist der Ehepartner gesetzlich versichert, kann der Erziehungsurlauber in der gesetzlichen Krankenversicherung beitragsfrei familienversichert werden und dort auch zukünftig bleiben.

Stichwort Arbeitslosigkeit:
Gesetzlich Versicherte bleiben Kassenmitglieder. Die Beiträge überweist bei Anspruch auf Arbeitslosengeld oder -hilfe das Arbeitsamt.
Privat Versicherte dürfen privat bleiben, wenn sie vorher fünf Jahre lang privat versichert waren. Das Arbeitsamt zahlt dann die Prämien. Ansonsten muss in eine gesetzliche Krankenkasse gewechselt werden – nach freier Wahl. Ein Wiedereinstieg in die private Krankenversicherung ist dann zu den alten Konditionen nur sechs Monate lang möglich. Danach ist ein Vertrag nur noch mit Beitragszuschlag zu bekommen.

sicherung aller Familienangehörigen ohne zusätzliche Beitragszahlung.

Eine private Krankenkasse kann nur dann eine gute Lösung sein, wenn die Entscheidung gegen Kinder gefallen ist. Denn bei den Privaten kostet jede Person extra – durch die privaten Zusatzverträge für Partner und Kinder. Das bedeutet hohe Beitragsaufschläge für die Mitversicherung der Angehörigen. Im Schnitt kostet ein Kind bei einer privaten Krankenversicherung 200 Mark im Monat. Und zur weiteren Orientierung: Die durchschnittlichen Beiträge für eine Kleinfamilie – Vater, Mutter, Kind – liegen bei gut 900 Mark im Monat.

Bei den Privaten kostet jede Person extra

Deswegen ist eine private Krankenversicherung für Familien nicht empfehlenswert. Wer sich diese Lebensoption als junger Single noch offen hält, der sollte mit dem Ausstieg aus der gesetzlichen Versicherung warten.

Insgesamt gilt: Eine private Krankenversicherung kann für junge und gesunde Alleinstehende und Doppelverdiener sinnvoll sein. Bedenken sollte man dabei, dass mit zunehmendem Alter der Beitragsvorteil der privaten Versicherung immer geringer wird. Und im Rentenalter ist eine private Krankenversicherung deutlich teurer als eine gesetzliche. Rentner müssen oft über 1 000 Mark im Monat zahlen, wenn Sie auf die Anpassung verzichten.

Alleinstehende mit Nachwuchs und Allein- oder Doppelverdiener mit Kind(ern) sind besser in einer gesetzlichen Krankenkasse aufgehoben. Hier können sie lebenslang solide Leistungen erwarten.

Was Sie beim Wechsel zur PKV beachten sollten

Wer sich privat versichert, muss in der Regel sein Leben lang beim gleichen Unternehmen bleiben. Wenn die Versicherung dabei schon einige Jahre läuft, lohnt schon deshalb ein Wechsel zu einem anderen Anbieter nicht, weil der Versicherte seine angesammelten Altersrückstellungen, die ja seine Beiträge im Alter verringern sollen, nicht zu einem Wettbewerber mitnehmen kann. Des Weiteren wäre ein erneuter Gesundheits-Check notwendig, durch das höhere Eintrittsalter steigt zudem die Prämie.

Die PKV verlangt lebenslange Treue

Möglich ist dagegen ein Wechsel zu einem günstigeren Tarif beim selben Versicherer. Hier darf die Altersrückstellung mitgenommen werden. Wer dagegen nur vorübergehend in einen Tarif mit geringeren Leistungen wechseln will, kann sich dieses Recht mit einer Anwartschaft sichern. Versicherte können dabei wechseln, so oft sie wollen; des Weiteren steht ihnen ein Auskunftsrecht zu. Hierbei können sich die Versicherten auch an das Bundesaufsichtsamt für das Versicherungswesen, Postfach 150280, 10664 Berlin oder an das Bundesministerium der Finanzen, Graurheindorfer Straße 108 in 53117 Bonn wenden (Aufsichtsbehörde bei Auseinandersetzungen zwischen einem Versicherten einer Krankenkasse ist in Baden-Württemberg das Sozialministerium).

Ruheständler haben das Recht, in den Standardtarif zu wechseln. Das bedeutet: Die Leistungen entsprechen denen der gesetzlichen Kasse und der Betrag darf den durchschnittlichen Höchstbetrag für die GKV nicht überschreiten. Bedingung für den Standardtarif: Der Versicherte muss bereits seit zehn Jahren privat versichert und über 65 Jahre alt sein. Informationen erhalten Interessenten bei den Verbänden der Versicherungsunternehmen:

- Gesamtverband der Deutschen Versicherungswirtschaft, Ebertplatz 1, 50668 Köln
- Gesamtverband der Deutschen Versicherungswirtschaft e.V., Walter-Flex-Str. 3, 53113 Bonn
- Bund der Versicherten e.V., Postfach 1153, 24547 Henstedt-Ulzburg
- Bund der Versicherten e.V., Postfach 760204, 22052 Hamburg, Tel.: 0 41 93/9 42 20
- Verband der privaten Krankenversicherung, Bayenthalgürtel 26, 50968 Köln
- Verbraucherzentrale Baden-Württemberg, Paulinenstr. 47, 70178 Stuttgart, Tel.: 07 11/66 91 15 (Di bis Fr 10.00-12.00 Uhr, Di 13.30-16.30 Uhr)

Sinnvoll: Als privat Versicherter Beiträge einsparen und damit Vermögen ansparen

Wenn Sie sich zum Abschluss einer privaten Krankenversicherung entschließen, verwenden Sie am besten einen Teil der monatlichen Ersparnis für die eigene Altersvorsorge, zum Beispiel durch den Abschluss einer Lebensversicherung auf Rentenbasis. Dann werden Sie später leichter mit den höheren Beiträgen fertig. Ist Ihr finanzieller Spielraum bereits ausgeschöpft, können Sie den dazu nötigen Betrag aufbringen, indem Sie mit Ihrer Krankenversicherung einen höheren Selbstbehalt für den ambulanten Bereich vereinbaren. Auf diese Weise lässt sich der Beitrag leicht um einige Prozentpunkte senken. Damit schaffen Sie sich Spielraum für die zusätzliche Lebenspolice.

Zudem können Arbeitgeber ihren privat krankenversicherten Angestellten bis zu 1 000 Mark jährlich steuerfrei zuwenden – und das unabhängig von der gesetzlich vorgeschriebenen Beteiligungspflicht an den Krankenversicherungsbeiträgen. Voraussetzung dafür ist lediglich, dass der Versicherungsvertrag des Angestellten eine Selbstbeteiligung vorsieht, und dass diese Selbstbeteiligung im Krankheitsfalle auch wirksam geworden ist (Finanzministerium Nordrhein-Westfalen, Erlass S 2333-4-VB 3).

Arbeitgeber können ihren privat versicherten Angestellten bis zu 1 000 Mark pro Jahr steuerfrei zuwenden

Rat für Einsteiger

Einsteiger, die sich für einen Wechsel zur PKV entschieden haben, weil sie durch eine Gehaltserhöhung von der Versicherungspflicht befreit sind, sollten Wert auf ein ausgewogenes Verhältnis von Beiträgen und Leistungen legen und mindestens 250 Mark an Selbstbeteiligung festlegen. Es sollte ein umfassender Schutz auch im Ausland gewährt sein. Auf eine Begrenzung der Erstattungsbeträge auf die Höchstsätze nach der Gebührenordnung der Ärzte (GOÄ) sollten Sie verzichten. Bei der Zahnarztbehandlung sollten möglichst volle Deckung und im Krankenhaus Einbettzimmer gewählt werden. Beim Krankentagegeld ist ein Tagessatz von 120 Mark ab dem 43. Tag der Arbeitsunfähigkeit ausreichend.

Verzichten Sie auf eine Begrenzung der Erstattungsbeiträge auf die Höchstsätze

Folgende Gesellschaften bieten hier gute Leistungen für das Geld (Stand 9.99):

- Central Krankenversicherung AG, Hansaring 40-50, Pf 100427, 50737 Köln
- Hallesche Nationale Krankenhaus aG, Pf 106017, 70597 Stuttgart
- Inter Krankenversicherung aG, Pf 101662, 68163 Mannheim
- Münchner Verein Krankenversicherung, Pettenkoferstr. 19, 80336 München
- Victoria Krankenversicherung, Pf 140160, 40479 Düsseldorf
- BKK, Tel.: 0 73 21/37 25 00
- HUK Coburg Krankenversicherung, Pf 402, 96450 Coburg
- Barmenia, Kronprinzenallee 12-18, 42119 Wuppertal
- Gothaer Krankenversicherung, Pf 108026, 50939 Köln
- Vereinte Krankenversicherung, Pf 202522, 80336 München
- Techniker Krankenkasse, Tel.: 0 40/6 90 90
- GEK, Tel.: 0 71 71/80 10

Was bei der Prämienfestlegung von Bedeutung ist

Die Prämienfestlegung richtet sich nach dem zu versichernden individuellen Risiko. In der PKV wird u.a. berücksichtigt:

Die Festlegung der Prämie richtet sich nach dem individuellen Risiko

- das Eintrittsalter zu Beginn des Vertragsabschlusses,
- das Geschlecht,
- der Gesundheitszustand und
- der gewählte Tarif des Versicherungsnehmers.

Bei der Krankheitskosten-Vollversicherung hat der Versicherungsnehmer die Wahl zwischen einer

- vollen Kostenübernahme in Teilbereichen,
- quotiellen Selbstbeteiligung, bei der von jeder Rechnung ein bestimmter Prozentsatz als Eigenanteil nicht erstattet wird und
- absoluten Selbstbeteiligung, bei der ein einjährlicher Eigenanteil-Höchstbetrag im Voraus vereinbart wird und durch den Versicherungsnehmer selbst zu zahlen ist.

Die Versicherungsleistungen der PKV

Der Versicherungsnehmer muss sich seine individuellen Versicherungsleistungen selbst zusammenstellen. Im Detail handelt es sich dabei um folgende Angebote:

- Krankheitskosten-Vollversicherung
- Krankheitskosten-Zusatzversicherung
- Krankenhaustagegeld-Versicherung
- Krankentagegeld-Versicherung
- Auslandsreise-Krankenversicherung
- Pflege-Krankenversicherung

Leistungen wie Kuren oder häusliche Krankenpflege/Schwerpflege sind Standard der GKV. In der PKV sind diese Leistungen nur über einen gesondert abzuschließenden Tarif zu erhalten.

Die PKV erbringt dafür folgende Leistungen:

Stationäre Heilbehandlung

Bei einer stationären Heilbehandlung, Entbindung oder Fehlgeburt fallen unter den Versicherungsschutz die Aufwendungen im Kran-

Sie können zwischen mehreren Tarifstufen wählen

kenhaus für Unterkunft und Verpflegung, für Behandlung sowie für den notwendigen Transport zum und vom Krankenhaus. Für die Erstattung der Aufwendungen kann unter mehreren Tarifstufen gewählt werden:

- allgemeine Krankenhausleistung (Mehrbettzimmer);
- gesondert berechnete Leistungen eines Belegarztes, Beleghebamme;
- gesondert berechnete Unterkunft und Verpflegung im Zweibettzimmer oder Einbettzimmer;
- gesondert berechnete ärztliche Leistungen.

Ambulante Heilbehandlung

In der Regel fallen bei einer ambulanten Heilbehandlung Voruntersuchung, Entbindung oder Fehlgeburt – jedoch nicht bei Zahnbehandlung, Zahnersatz, Zahn- und Kieferregulierung – unter den Versicherungsschutz sowie die Aufwendungen für

- Beratungen, Besuche und bestimmte medizinische Verrichtungen einschließlich Operationen;
- Arznei- und Verbandmittel;
- Heilmittel, und zwar Bäder, Massagen, Inhalationen sowie Licht-, Wärme- und sonstige physikalische Behandlungen;
- Hilfsmittel, und zwar Bandagen, Brillen, Kontaktlinsen, Bruchbänder, Einlagen, Gummistrümpfe und Hörgeräte sowie Beinprothesen, Armprothesen, Brustprothesen und Kunstaugen;
- Röntgen-, Radium- und Isotopenleistungen.

Für den zu vereinbarenden Selbstbehalt (zwischen 350 und 2 000 Mark) stehen mehrere Leistungsstufen zur Verfügung.

Zahnbehandlung und Zahnersatz

Unter den Versicherungsschutz fallen die Aufwendungen für

Leistungen bei Zahnbehandlungen

- Zahnbehandlung (z.B. Füllungen, Extraktionen, Wurzelbehandlungen, Erkrankung der Mundschleimhaut und des Paradontiums) sowie die in der jeweils gültigen amtlichen Gebührenordnung genannten zahnprophylaktischen Leistungen;
- Zahnersatz (z.B. Prothesen, Stiftzähne, Brücken, Kronen, Implantate, funktionsanalytische und funktionstherapeutische Leistungen, einschließlich Vor- und Nachbehandlungen und Reparaturen);
- Zahn- und Kieferregulierung (kieferorthopädische Behandlung).

Für die Erstattung der entstehenden Aufwendungen werden zahlreiche Leistungsstufen mit einem Erstattungssatz zwischen 20 und 80 Prozent angeboten.

Genesungskuren und sonstige Kuren

Wann Ihnen eine Genesungskur zusteht

Bei der Mehrzahl der PKV-Gesellschaften gilt ein Kuraufenthalt dann als Genesungskur, wenn folgende Voraussetzungen erfüllt sind:

- Es muss eine mindestens dreiwöchige stationäre Krankenhausbehandlung vorausgegangen sein;
- Der Kuraufenthalt muss spätestens sechs Wochen nach Abschluss der stationären Krankenhausbehandlung beginnen.

Sind diese Voraussetzungen nicht erfüllt, gilt ein Kuraufenthalt als sonstige Kur im Sinne der dabei geltenden Bedingungen. Die medizinische Notwendigkeit der Kur ist durch ein ärztliches Gutachten, welches bei einer Genesungskur vom behandelnden Krankenhausarzt zu erstellen ist, vor Beginn der Kur nachzuweisen. Die Kosten des Gutachtens trägt der Versicherungsnehmer.

Bei einer Genesungskur oder sonstigen Kur in einem Heilbad oder Kurort sowie in einer Heilstätte, die unter ständiger ärztlicher Leitung steht, fallen unter den Versicherungsschutz die Aufwendungen für

- ärztliche Beratungen, Besuche und Verrichtungen;
- Arznei- und Verbandmittel;
- Heilmittel, und zwar Bäder, Massagen, Inhalationen sowie Licht-, Wärme- und sonstige physikalische Behandlungen;
- Kurtaxe.

Die Aufwendungen für sonstige Kuren sind höchstens für eine Kur innerhalb von zwei Kalenderjahren erstattungsfähig. Dieser Zeitraum beginnt mit dem Kalenderjahr, in dem die letzte Kur begonnen hat, für die Leistungen gezahlt wurden.

Genesungsgeld

Bei einer Genesungskur in einem Heilbad oder Kurort sowie in einer Heilstätte, die unter ständiger ärztlicher Leitung steht, wird zusätzlich ein Genesungsgeld ohne Kostennachweis gezahlt. Die Dauer der Genesungskur ist durch die Rechnung für die Unterkunft nachzuweisen. Für die Erstattung der Aufwendungen bei einer Kurbehandlung und hinsichtlich der Höhe des zu zahlenden Genesungsgeldes kann in der Regel unter mehreren Leistungsstufen gewählt werden.

Krankentagegeld-Versicherung

Personen, die ihren Beruf als Selbstständige ausüben und einkommensteuerpflichtig sind, sowie Arbeitnehmer, die in einem festen Arbeitsverhältnis stehen und der Lohnsteuerpflicht unterliegen, können die Zahlung eines Krankentagegeldes vereinbaren. Die Höhe des Krankentagegeldes sowie die Anzahl der Karenztage sind nach besonderen Tarifen zu vereinbaren.

Für die Höhe des Krankheitsgeldes gelten besondere Tarife

Krankenhaustagegeld-Versicherung

Das Krankenhaustagegeld wird ohne Kostennachweis für jeden Tag einer medizinisch notwendigen stationären Heilbehandlung sowie einer stationären Entbindung oder Fehlgeburt gezahlt. Das gilt auch für den Aufnahme- und Entlassungstag, nicht jedoch für eine teilstationäre (stundenweise) Behandlung im Krankenhaus. Dauert bei einer Entbindung der stationäre Aufenthalt weniger als sieben Tage oder erfolgt kein stationärer Aufenthalt, wird das vereinbarte Krankenhaustagegeld für insgesamt sieben Tage gezahlt. Die Höhe des Krankenhaustagegeldes ist gesondert zu vereinbaren; danach richtet sich auch der Tarifbetrag.

Pflegetagegeld-Versicherung

Das Pflegetagegeld wird ohne Kostennachweis und ohne zeitliche Begrenzung vom ersten Leistungstag an für jeden Tag einer Pflegebedürftigkeit gezahlt. Erster Leistungstag ist in der Regel der 92. Tag nach ärztlicher Feststellung der Pflegebedürftigkeit. Die Einstufung des Pflegefalles sowie die Höhe des Pflegetagegeldes sind gesondert zu vereinbaren.

Pflegetagegeld wird ohne Kostennachweis gezahlt

Die Sicherung des Einkommens

Die Bestimmung des richtigen Tagessatzes ist alles andere als einfach. Niemand darf sich an der Krankheit bereichern, mehr als das Nettoeinkommen sollte deshalb nicht versichert werden. Bei Angestellten lässt sich der Anhaltswert relativ leicht ermitteln: Man nehme das komplette Nettoeinkommen des letzten Kalenderjahres und teile durch 360. Der so ermittelte Tagessatz dürfte allerdings im Krankheitsfall schon wieder zu niedrig sein. Deshalb akzeptieren Gesellschaften auch eine andere Methode: Man gehe von 80 Prozent des Bruttoeinkommens des vergangenen Kalenderjahres aus. Selbstständige und Freiberufler haben es mit der Ermittlung des Tagessatzes schwerer. Die Einkommen schwanken, wobei die Nettobeträge erst feststehen, wenn das Finanzamt abgerechnet hat. Deshalb helfen sich die Versicherer mit dem steuerlichen Gewinnbegriff „Betriebseinnahmen abzüglich Betriebsausgaben" weiter. Der muss dann für das Nettoeinkommen herhalten. Im Einzelfall werden auch Schätzungen des Steuerberaters akzeptiert.

Während Angestellte Tagegeld ab dem 43. Tag benötigen, müssen Selbstständige ihren Verdienstausfall früher abdecken. Die Versicherer reagieren mit ihren Angeboten elastisch. Tagegelder können bereits kurz nach Ausbruch einer Krankheit fließen. Diese Tarife sind aber unglaublich teuer. Deshalb empfiehlt es sich für Selbstständige, die Tagegelder gestaffelt abzuschließen: die Grundversorgung etwa ab dem 8. Tag, einen zusätzlichen Betrag ab dem 22. Tag und eine weitere Versicherungssumme erst ab dem 43. Tag. Für die jährliche Erhöhung der Tagegelder verzichten viele Gesellschaften auf eine erneute Wartezeit und auf die Gesundheitsprüfung. Dieser Service ist bei angegriffener Gesundheit wichtig, weil bei einer Überprüfung so genannte Risikozuschläge drohen.

Die Sonderbehandlung treuer Kunden bringt allerdings nichts, wenn sie kerngesund sind und der bisherige Versicherer bei den Tagegeldern zu teuer ist. Dann kann der Abschluss zusätzlicher Tagegelder bei einem preiswerteren Anbieter viel Geld sparen. Dieser Flirt mit der Konkurrenz ist im Krankheitsfall übrigens völlig unschädlich, wenn der eigene Versicherer vor der Unterschrift über das Vorhaben informiert wurde.

Nach starken Gehaltserhöhungen: das Krankentagegeld anpassen

Wenn der Verdienst steigt, sollte auch das Krankentagegeld ohne erneute Risikoprüfung und Wartezeit angepasst werden können. Dies geschieht jedoch nicht automatisch, sondern nur in gewissen Zeitabständen oder auf Antrag des Versicherten innerhalb gewisser Zeitgrenzen. Doch Achtung: Nur die richtige Beantwortung der Fragen zur Gesundheit gewährt auch Schutz und vermeidet Ärger im Ernstfall. Wer hingegen fahrlässig oder schuldhaft entsprechende Informationen unterschlägt, geht in den nächsten Jahren das Risiko ein, den Versicherungsschutz zu verlieren, da der Kunde damit die vorvertragliche Anzeigepflicht verletzt. Die Gesellschaft hat dann innerhalb von drei Jahren das Recht, vom Vertrag zurückzutreten. Bei arglistiger Täuschung ist dieser sogar noch Jahre danach anfechtbar.

Oft ein Problem: was zählt als Krankheit?

Das Problem vieler Versicherten ist jedoch hier, die Fragen auch wirklich 100-prozentig beantworten zu können. Wenn etwa nach Beschwerden oder sonstigen Gesundheitsstörungen gefragt wird, werden die meisten Versicherten die Köpfe schütteln. Der Grund: Bei gelegentlichen Kopfschmerzen oder Erkältungen wird kaum jemand die Notwendigkeit der Angabepflicht sehen. Das kann jedoch ein fataler Fehler sein. Denn waren Sie bereits wegen diesen „Erkrankungen" bei einem Arzt, kann Ihnen die Versicherung daraus schnell einen Strick drehen. Der Versicherte kann bei Fragen, die auch zeitlich nur schwer zu beantworten sind, grundsätzlich in seinen Vertrag aufnehmen lassen: „Soweit ich mich erinnern kann. Bitte fragen Sie bei den Ärzten nach." Mit diesem aufgenommenen Satz liegt der schwarze Peter dann bei der PKV.

Wenn Sie dann noch im Formular den Vermerk „Probeantrag" notieren, darf die Gesellschaft keine Angaben speichern oder weitergeben, so dass Sie bei einer eventuellen Ablehnung getrost zur Konkurrenz wechseln können; der alte Antrag gilt damit als nicht gestellt.

Ein weiteres Augenmerk ist auch auf die Nachmeldeverpflichtung zu legen, denn erleidet ein Versicherter zwischen Antrag und Erhalt der Police einen Unfall, wird krank oder schwanger, muss er dies dem Unternehmen nachmelden. Ansonsten läuft er Gefahr, dass der Versicherungsschutz verloren geht. Aber auch bei bestehenden Verträgen sollte man sicherheitshalber bislang nicht angegebene Krankheiten und Operationen aus den abgefragten Zeiträumen nachmelden. Denn prüft die Kasse und erfährt im Nachhinein von diesen Vorerkrankungen, kann sie nicht nur vom Vertrag zurücktreten, sie kann auch die Erstattung der Behandlungskosten verweigern.

Der Vertreter ist das Ohr des Versicherers

Notiert ein Vertreter die Angaben im Antrag, ist er das Ohr des Versicherers. Antworten auf Gesundheitsfragen, die der Antragsteller mündlich vollständig und wahrheitsgemäß gegeben hat, die aber vom Vertreter unvollständig, überhaupt nicht oder falsch übernommen werden, gelten als ausreichend (BGH, Az. IV ZR 299/90). Die Beweislast, dass der Versicherungsnehmer eine Pflichtverletzung durch unzutreffende Beantwortung von Gesundheitsfragen begangen hat, liegt immer beim Versicherer (BGH, Az. IV a ZR 72/88).

Des Weiteren muss der Versicherer auch beweisen, dass ein Agent bei der mündlichen Befragung so vorgegangen ist, dass das Kundengespräch einer sorgsamen, nicht unter Zeitdruck stehenden und gegebenenfalls durch klärende Rückfragen ergänzten Lektüre des Fragenkatalogs gleichgesetzt werden kann. Es kommt also immer auf die Interpretation des Kunden an (BGH, Az. IV ZR 156/89). Doch was geschieht, wenn die Arztrückfrage nicht durch die Gesellschaft erfolgt? Die Versicherungsgesellschaft hätte sich vor Ausstellen der Police beim Hausarzt über den Gesundheitszustand des Antragstellers informieren müssen, statt sich mit dessen korrekten, aber erkennbar nicht vollständigen Angaben über Vorerkrankungen zufriedenzugeben.

Wie Sie hohe Versicherungskosten im Alter vermeiden

Wie Sie wieder in die GKV kommen: vier Möglichkeiten

Was können Versicherte dagegen tun, wenn sie sich im Ruhestand nicht arm zahlen wollen? Die private Krankenversicherung ist ins Gerede gekommen, wahre Horrorgeschichten machen die Runde – von Rentnern, die so hohe Beiträge zahlen, dass sie ihre Rente gleich an die Krankenkasse umleiten könnten. Die Ursachen solch bedauerlicher Einzelschicksale: Die Versicherten haben es einfach unterlassen, mit einer von den Versicherern angebotenen Lebensversicherung den Beitrag im Alter abzudecken. Dem können Sie allerdings folgendermaßen entgegentreten:

- **Erste Möglichkeit:** Sie können im Rentenalter wieder Mitglied bei einer gesetzlichen Kasse werden, wenn Sie in der zweiten Hälfte Ihres Erwerbslebens mindestens zu 90 Prozent gesetzlich versichert waren.
- **Zweite Möglichkeit:** Sie reduzieren Ihre Arbeitszeit spätestens ein halbes Jahr vor Rentenbeginn so weit, dass Sie unter die Beitragsbemessungsgrenze in der GKV kommen. Dadurch werden Sie bei einer gesetzlichen Kasse pflichtversichert. Haben Sie die Rente durch, bleiben Sie einfach freiwillig in der gesetzlichen Kasse. Das funktioniert allerdings nur, wenn Sie sich vorher nicht irgendwann von der Versicherungspflicht haben befreien lassen, um in der privaten Versicherung bleiben zu können.
- **Dritte Möglichkeit:** Sie lösen Ihr Arbeitsverhältnis mindestens sechs Monate vor Rentenbeginn auf und melden sich arbeitslos. Auch so kommen Sie automatisch in den Schutz der GKV zurück, den Sie dann ebenfalls freiwillig beibehalten.
- **Vierte Möglichkeit:** Gehört Ihr in Scheidung lebender Ehepartner einer gesetzlichen Kasse an, reicht eine Arbeitslosigkeit von einem

Private Krankenversicherungsunternehmen

Eine Liste privater Kassen

Alte Oldenburger, Postfach 1663, 49377 Vechta

APK Krankenversicherung für den öffentlichen Dienst, Frankfurter Straße 50, 65189 Wiesbaden

ARAG, Prinzregentenplatz 9, 81675 München

Barmenia, Kronprinzenallee 12-18, 42119 Wuppertal

Bayer. Beamtenkrankenkasse, Widenmayerstraße 16, 80538 München

Berlin-Kölnische, Postfach 100348, 50769 Köln

Central Krankenversicherung, Postfach 100427, 50737 Köln

Cosmos Krankenversicherung, Postfach 505, 66111 Saarbrücken

Colonia Krankenversicherung, Postfach 805050, 50733 Köln

Concordia Krankenversicherung, Karl-Wiechert-Allee 5, 30625 Hannover

Continentale Krankenversicherung, Postfach 105032, 44135 Dortmund

Debeka Krankenversicherung, Postfach 460, 56073 Koblenz

Deutsche Krankenversicherung, Postfach 100588, 50931 Köln

Deutscher Ring Krankenversicherung, Postfach 112033, 20148 Hamburg

Europa Krankenversicherung, Postfach 100750, 50931 Köln

Gothaer Krankenversicherung, Postfach 108026, 50939 Köln

Hallesche Nationale, Postfach 106017, 70597 Stuttgart

Hanse-Merkur Krankenversicherung, Postfach 302450, 20149 Hamburg

HUK Coburg Krankenversicherung, Postfach 402, 96450 Coburg

Inter Krankenversicherung, Postfach 101662, 68163 Mannheim

Landeskrankenhilfe, Uelzener Straße 20, 21373 Lüneburg

LVM Krankenversicherung, Postfach 6145, 48151 Münster

Münchener Verein, Pettenkoferstraße 19, 80336 München

NOVA, Kapstadtring, 20149 Hamburg

Partner Krankenversicherung, Berliner Straße 170-180, 63065 Offenbach

SAVAG Krankenversicherung, Dudweiler Straße 41, 66112 Offenbach

Signal Krankenversicherung, Postfach 105052, 44263 Dortmund

Süddeutsche Krankenversicherung, Postfach 131145, 70596 Stuttgart

Union Krankenversicherung, Mainzer Landstraße 32-34, 66113 Saarbrücken

Universa Krankenversicherung, Sulzbacher Straße 1-7, 90459 Nürnberg

Vereinte Krankenversicherung, Postfach 202522, 80336 München

Victoria Krankenversicherung, Postfach 140160, 40479 Düsseldorf

Monat aus, während der Sie bei Ihrem Ehepartner als Familienangehöriger mitversichert sind. Nehmen Sie dann wieder ein Arbeitsverhältnis auf, haben Sie die Möglichkeit, sich bei der gesetzlichen Kasse weiterzuversichern – unabhängig davon, wieviel Sie verdienen.

Eine Erhöhung der Selbstbeteiligung lohnt sich beim Eintritt ins Rentenalter fast immer

Steht Ihnen keiner dieser Auswege offen, bleibt nur noch der Versuch, die Belastung erträglicher zu gestalten. Meistens reicht eine erhöhte Selbstbeteiligung für den ambulanten Bereich. Eine Erhöhung der Selbstbeteiligung lohnt sich beim Eintritt ins Rentenalter fast immer.

Computervergleiche sind meist nicht objektiv

Viele Verbraucher haben vor dem Computer und den von ihm erstellten Zahlenkolonnen eine große Hochachtung, worauf immer mehr Verkäufer setzen. Dabei wissen sie, welche Zielvorgaben das gespeicherte Programm hat. Und auf die kommt es an.

Die angebotenen Renditeberechnungen sind oft genug nicht einmal das Papier wert, auf das sie gedruckt werden. Was kann beispielsweise bei einer Refinanzierung eines Immobilienkaufs über eine Lebensversicherung innerhalb von 25 oder 30 Jahren alles passieren? Ob das Versicherungsunternehmen später auch tatsächlich aus der Abschluss-Summe von 120 000 Mark die heute in Aussicht gestellten 300 000 Mark macht, steht in den Sternen.

Lassen Sie sich stets Angebote von Direktversicherern machen

Wenn Sie die Aussagen über die Preiswürdigkeit von Versicherungen überprüfen wollen, sollten Sie mindestens zwei Computeranalysen verschiedener Anbieter einholen – und dabei prüfen, ob Angebote von Direktversicherern ebenfalls berücksichtigt wurden.

Kontrollieren Sie regelmäßig Ihren Beitragssatz

Für viele Versicherte sind die Beiträge zur Krankenversicherung höher als alle anderen Versicherungsprämien, die sie zahlen. Die Police wird regelmäßig teurer, und zwar kräftig. Stellen Sie sich Ihre eigene Dokumentation für Ihren Vertrag zusammen, um das oft undurchsichtige Verhalten der Krankenversicherer zu kontrollieren. Ihr Schreiben an die Krankenkasse könnte wie auf der folgenden Doppelseite aussehen.

Angebot für eine Kranken-Vollversicherung

Krankenversicherungsunternehmen
Versicherungsmakler

Angebot für eine Kranken-Vollversicherung

Sehr geehrte Damen und Herren,

Bitte machen Sie mir ein Angebot für eine Kranken-Vollversicherung mit möglichst hoher Selbstbeteiligung. Zu versichernde Personen:*

Name Person 1: (Geschlecht, soweit aus Namen nicht ersichtlich)
Geburtsdatum:
Beruf: (soweit nicht ersichtlich angegeben, ob selbstständig oder Arbeitnehmer)
Person 2 (wie zu Ziffer 1)
Person 3 (wie zu Ziffer 1) usw.

Bitte machen Sie für die Person(en) Ziffer ____ auch ein Angebot für eine Krankentagegeldversicherung für je zehn Mark Tagegeld. Bitte geben Sie dabei an, ob die Leistungsdauer begrenzt ist, ob das Tagegeld dynamisiert ist und zu welchen Bedingungen bei einer Unterbrechung eine Ruhevereinbarung möglich ist.

Ab ____ Tag ab ____ Tag ab ____ Tag ab ____ Tag

Bitte geben Sie mir auch Antworten oder Hinweise zu folgenden Fragen:

Wartezeiten und Wartezeitenerlass
Kündigungsfristen in den ersten Jahren für mich und Ihr Unternehmen
Berechnung des Eintrittsalters
Letzte oder bevorstehende Beitragserhöhung Ihres Unternehmens
Letzte Beitragsrückerstattungen Ihres Unternehmens für welche Tarife nach wieviel Jahren mit oder ohne Inanspruchnahme
Besonderheiten Ihrer Leistungen (Anbindung an Gebührenordnung im ambulanten Bereich, Einschränkungen bei Heilpraktikerbehandlung, Erstattungssätze und zeitliche Leistungsbegrenzungen bei zahnärztlichen Behandlungen, Brillen, Kontaktlinsen, Kuren, Selbstbeteiligungen im ambulanten Bereich usw.).

Bitte keinen Vertreterbesuch! Ich möchte mir zunächst einen eigenen Überblick über alle Angebote verschaffen.

Mit freundlichen Grüßen

** Bei Angestellten eventuell mit niedriger oder keiner Selbstbeteiligung*

An die
Krankenversicherung ...

Ort, Datum, Versicherungs-Nummer

Sehr geehrte Damen und Herren,

ich möchte Sie um einige detaillierte Informationen zu meinem Vertrag bitten:

1. *Tarifwerk*

1.1 *Werden die von mir abgeschlossenen Tarife im Neugeschäft noch angeboten?*

1.2 *Soweit dies nicht der Fall ist, bitte ich um einen Vorschlag zur Umstellung auf einen vergleichbaren Versicherungsschutz nach Ihren neuen Tarifen – unter Angabe der Rabatte aus der Anrechnung von Deckungsrückstellungen.*

1.3 *Soweit Sie parallel vergleichbare (z.B. abgespeckte) Tarife anbieten, machen Sie mir bitte gleichfalls ein Umstellungsangebot – auch mit Angabe der Rabatte aus der Deckungsrückstellung sowie mit Hinweisen auf die Unterschiede im Leistungsumfang.*

1.4 *Machen Sie mir bitte zu meinen bestehenden Tarifen mit Selbstbehalt Umstellungsangebote auf alle anderen von Ihnen angebotenen Variationen des Selbstbehalts. Geben Sie dabei bitte gleichfalls an, inwieweit Deckungsrückstellungen berücksichtigt werden.*

1.5 *(Falls von Ihnen gewünscht) Die Beiträge für meine Police sind mir zu hoch. Bitte machen Sie mir auch andere Vorschläge zur Reduzierung der Prämie mit genauer Information, inwieweit sich dadurch der Leistungsumfang verschlechtert.*

2. *Beitragshöhe*

2.1 *Wie hoch ist mein Beitrag insgesamt und für jeden einzelnen Tarif, wenn ich mich in dem jetzt bestehenden Umfang bei Ihnen neu versichere. Bitte vergleichen Sie diesen Wert mit dem tatsächlich von mir gezahlten Beitrag und nennen Sie mir zusätzlich den prozentualen Sparanteil auf die Tarifprämie, ebenso für den Beitrag und für jeden einzelnen Tarif. Diese Berechnung erbitte ich*

2.1.1 *zum Beginn des nächsten Quartals*

2.1.2 *zum Termin der letzten Beitragserhöhung am ...*

2.1.3 *zum Termin der vorletzten Beitragserhöhung am ...*

2.1.4 *zum Termin der vorvorletzten Beitragserhöhung am ...*

3. Beitragsrückerstattung

Bitte geben Sie mir an, welche Beitragsrückerstattungen Sie in den von mir abgeschlossenen Tarifen je nach Dauer der Schadenfreiheit gewährt haben:

3.1 im laufenden Jahr

3.2 im Vorjahr

3.3 im Vorvorjahr

3.4 Wie ist die Tendenz bei künftigen Beitragsrückerstattungen?

4. Selbstbehalt

Bitte geben Sie an, wie sich Selbstbehalte in den von mir abgeschlossenen Tarifen verändert haben:

4.1 zuletzt am ...

4.2 davor am ...

5. Bedingungen, Leistungsumfang

Haben Sie Änderungen in den Bedingungen oder im Leistungsumfang vorgenommen und in welchem Umfang?

5.1 zuletzt am ...

5.2 davor am ...

6. Deckungsrückstellungen

Wie hoch sind die für meinen Vertrag gebildeten Altersrückstellungen? Bitte nach den einzelnen Tarifen getrennt angeben, ebenso die Gesamtsumme.

6.1 zum Ende des laufenden Jahres

6.2 zum Ende des letzten Jahres

6.3 zum Ende des vorletzten Jahres

Ich darf um baldige Erledigung bitten. Mit dem besten Dank für Ihre Bemühungen und mit freundlichen Grüßen

Name und Unterschrift

Wie Sie naturheilkundliche Therapien erstattet bekommen

Legen Sie bei einem Ablehnungsbescheid schriftlichen Widerspruch ein

Um naturheilkundliche Mittel und Behandlungen von den privaten Krankenversicherungen trotz Ablehnung durch die Versicherungsgesellschaft erstattet zu bekommen, sollten Sie zunächst schriftlich Widerspruch gegen den Ablehnungsbescheid einlegen. Sollte dieser Widerspruch ergebnislos bleiben, käme als nächster Schritt ein gerichtliches Verfahren infrage. In diesem Fall können Sie sich an die Gesellschaft für Naturheilkunde Deutschland e.V. in München wenden.

Formbrief-Muster

Mitgliedsnummer:

Sehr geehrte Damen und Herren,

hiermit widerspreche ich dem Ablehnungsbescheid vom ___________

Unter Hinweis auf die Rechtslage nach dem AGB-Gesetz und der Fassung des AMG weise ich Ihre genannten Ablehnungsgründe zurück, da der Begriff „wissenschaftlich nicht allgemein anerkannt" inhaltlos geworden ist und sich die Verordnungstherapeutika sowie Arzneimittel der besonderen Therapierichtungen nur noch nach dem Wirtschaftlichkeitsgebot der Reichsversicherungsordnung in Abhängigkeit von der Therapiemittelfreiheit der Therapeuten zu richten hat. Die mir von meinem Behandler verordneten Arzneimittel sind sämtlich AMG-zugelassen und damit nach dem Stand der Wissenschaft geprüft und anerkannt.

Außerdem stellt die willkürliche Anwendung Ihrer „Wissenschaftlichkeitsklausel" für mich eine unangemessene Benachteiligung dar, da der mir zugesicherte und beabsichtigte Krankenversicherungsschutz damit ausgehöhlt wird.

Aus den genannten Gründen fordere ich Sie bei Vermeidung von Rechtsnachteilen nochmals zur Kostenübernahme von DM _____ auf.

Mit freundlichen Grüßen

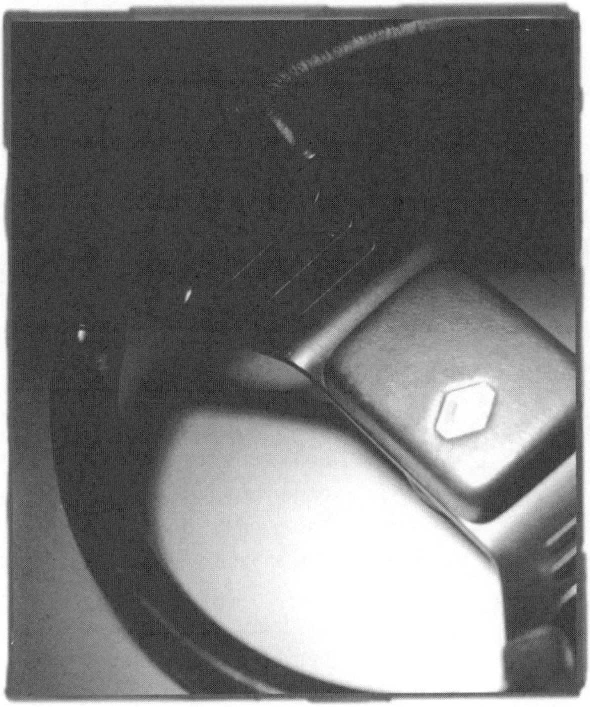

Sachversicherungen

Bettelstab und Schuldturm sind zwar längst abgeschafft, ruinieren kann man sich aber nach wie vor. Vor allem dann, wenn im Schadensfall die richtige Versicherung fehlt. Doch nicht alles muss abgesichert sein. Hier müssen Sie Wichtiges von Unnötigem unterscheiden.

Die Haftpflichtversicherung

Wer einen Schaden verursacht, muss dafür bezahlen, wenn er dafür verantwortlich gemacht werden kann, also deliktfähig ist – das legt das Bürgerliche Gesetzbuch (BGB) fest. Wer den Schnee vor seiner Haustüre nicht wegräumt oder das Treppenhaus zu glatt bohnert, verstößt gegen Verkehrssicherungspflichten und haftet ebenso wie derjenige, der seine Aufsichtspflicht über ihm anvertraute Personen verletzt. Auch wer einen Dritten mit einer Aufgabe betraut, muss als Dienstherr für negative Folgen gerade stehen. Manchmal greift die Haftung sogar ohne Verschulden des Betroffenen: Ein Tierhalter muss grundsätzlich für die Schäden aufkommen, die sein Liebling anrichtet.

Leistung: *Es wird der Schaden ersetzt, den man einer anderen Person zugefügt hat. Der Schutz gilt auch im Ausland. Beiträge: Eine Versicherungssumme von zwei Millionen Mark für Personen-/Sachschäden (mit 300 Mark Selbstbeteiligung) gibt es schon für einen Jahresbeitrag ab 49 Mark. Mitversichert sind z.B. (Ehe-)Partner, Kinder (auf Wunsch bis 25 Jahre), ein selbstbewohntes Einfamilienhaus, Mietsachschäden.*

Tipp: *Extra haftpflichtversichert werden müssen z.B. Hunde, Pferde, Öltanks etc.*

Fazit: *Für Familien unverzichtbar.*

Zum Schadenverursacher kann jeder werden. „Kleine Ursache – große Wirkung" heißt es, wenn aus Unachtsamkeit ein Schaden für andere entsteht. Wer dann zur Kasse gebeten wird, kann leicht ein finanzielles Desaster erleben, wenn er keine Haftpflichtversicherung abgeschlossen hat. Denn er haftet grundsätzlich unbegrenzt. Im Falle eines Sachschadens muss er für Reparatur oder Ersatz und schadensbedingte Aufwendungen des Geschädigten aufkommen. Sind Personen zu Schaden gekommen, zahlt er beispielsweise Heilkosten, Schmerzensgeld und Verdienstausfall bis hin zur monatlichen Rente für den Geschädigten oder die Hinterbliebenen. Unter Umständen kann das bedeuten: Der Verursacher muss lebenslang für sein Missgeschick bezahlen.

Die Versicherung haftet z.B. nicht,

- wenn eine Katze oder ein Hund einen Unfall verursacht (Tierhalter brauchen eine Tierhalter-Haftpflichtversicherung!);
- wenn der Schaden bei speziellen, gefährlichen Sportarten entsteht, z.B. Drachenfliegen, Boxen oder Fechten. Hier greift nur eine Sporthaftpflicht;
- wenn der Geschädigte ein Angehöriger ist, der im Vertrag eingeschlossen ist. Achtung: Das gilt auch für getrennt lebende Ehepartner.

Wer ist mitversichert?

Die Versicherung haftet nur für Schäden, die aus Versehen entstehen

Die Privat-Haftpflichtversicherung, auch kurz PHV genannt, kommt für die Gefahren auf, welchen Privatpersonen im täglichen Leben ausgesetzt sind. Sie haftet für alle Schäden, die der Versicherungsnehmer bei anderen Leuten anrichtet. Voraussetzung für eine Ersatzpflicht ist aber, dass der Versicherungsnehmer den Schaden aus Versehen und nicht absichtlich, also vorsätzlich, verursacht hat.

Der Haftpflichtversicherer hat dabei drei Pflichten:

- er prüft die Schadenersatzpflicht des Versicherten;
- er leistet bei Berechtigung Schadenersatz;
- und er wehrt unberechtigte Ansprüche ab.

Die PHV schützt den Versicherten als Radfahrer oder Fußgänger, als Mieter oder Eigentümer einer selbst bewohnten Wohnung oder eines Hauses (einschließlich einer Ferienwohnung oder eines Ferienhauses), als Aufsichtspflichtiger über eigene oder fremde Kinder und als Dienstherr der in seinem Haushalt tätigen Personen. Eingeschlossen ist dabei auch die Haftung für zugehörende Gärten und Garagen, ein im Inland gelegenes Wochenendhaus sowie der Schrebergarten. Bauherren sind bis zu einer bestimmten, vertraglich vereinbarten Bausumme mitversichert, die meist zwischen 20 000 und 50 000 Mark liegt. Versicherungsschutz besteht auch während der Ausübung von Freizeitsport, außer z.B. als Reiter fremder Pferde, als Surfer mit fremden Surfbrettern oder bei Ausübung des Massensports Nummer Eins – beim Skifahren. Auf eigenen Motor- oder Segelbooten besteht die Versicherung.

Eine private Haftpflichtversicherung umfasst alle im Haushalt lebenden Familienmitglieder

Ehepaare, die zwei Policen haben, können den jüngeren (also den zuletzt abgeschlossenen) Vertrag getrost kündigen. Auf Antrag versichern viele Gesellschaften auch nicht verheiratete Paare über einen Vertrag, falls sie in einem gemeinsamen Haushalt leben bzw. wenn der andere Partner mit Zweitwohnsitz dort gemeldet ist. Mitversichert sind auch unverheiratete minderjährige Kinder. Unverheiratete volljährige Kinder sind nur dann mitversichert, wenn sie sich noch in der Schul- oder der unmittelbar anschließenden Berufsausbildung (nicht Fortbildung!) befinden. Bei einigen Gesellschaften können volljährige unverheiratete Kinder, die nicht mehr in der Ausbildung stehen, gegen einen Zuschlag eingeschlossen werden.

Ebenfalls mitversichert sind Hausangestellte oder Personen, die aufgrund eines Arbeitsvertrages oder gefälligkeitshalber die Wohnung, das Haus oder den Garten betreuen. Bei neueren Policen sind Ansprüche aus Mietsachschäden mit abgedeckt. Allerdings schließt die Haftpflichtversicherung Schäden, die durch Abnutzung, Verschleiß oder übermäßige Beanspruchung entstanden sind, aus. Auch für Schäden an Heizungs-, Kessel- und Warmwasserbereitungsanlagen, Elektro- und Gasgeräten der gemieteten Räumlichkeiten kommt die Versicherung nicht auf. Geld aus der Police gibt es dagegen, wenn der Versicherte vergaß, den Hahn am Wasserzulauf der Waschmaschine zuzudrehen, und wenn die Wohnung durch einen geplatzten Schlauch unter Wasser steht.

Schäden, die während der Berufsausübung entstehen, sind nicht abgesichert

Für Schäden, die bei der Berufsausübung des Versicherungsnehmers entstehen, kommt die Privathaftpflicht nicht auf. Sie sind meist durch die Betriebshaftpflichtversicherung des Arbeitgebers gedeckt. Ausnahme sind gelegentliche Nebentätigkeiten. Auch verantwortliche Arbeit in einem Verein erfordert eine eigene Haftpflichtversicherung. In der PHV gibt es darüber hinaus keinen Versicherungsschutz für Schäden, die Folge einer ungewöhnlichen und gefährlichen Handlung sind. Ungewöhnlich und gefährlich handelt etwa, wer in einem dunklen Treppenhaus zur eigenen Erleuchtung Fußmatten anzündet (OLG Hamm, Az. 20 U 277/86).

Darauf müssen Familien achten

Ausreichende Deckungssumme

Die Versicherung zahlt nur bis zur vereinbarten Deckungssumme

Die Versicherung zahlt nicht unbegrenzt, sondern maximal bis zur vereinbarten Deckungssumme. Für weitergehende Ansprüche muss der Schädiger selbst aufkommen. Deshalb ist es notwendig, die Police mit einer ausreichend hohen Deckungssumme abzuschließen. Vereinbart werden können entweder zwei getrennte Deckungssummen für Personen- und Sachschäden oder eine Pauschale. Hier sollten zwei Millionen Mark für Personen- und eine Million Mark für Sachschäden vereinbart werden. Ein Pauschalbetrag für beide Deckungsarten sollte nicht niedriger liegen als zwei Millionen Mark. Tipp: Wegen der allgemeinen Kostenentwicklung empfiehlt es sich, die vereinbarten Deckungssummen auch nach Vertragsabschluss gelegentlich zu überprüfen.

Risiko richtig kalkulieren

Nach Abschluss des Vertrages können sich die Risikoverhältnisse beim Versicherungsnehmer ändern. So kann sich das Schadensrisiko erhöhen, wenn z.B. ein oberirdischer Öltank durch einen unterirdischen ersetzt wird. Kommt zum bereits vorhandenen Hund ein zweiter, handelt es sich ebenfalls um eine Risikoerweiterung. In beiden Fällen wird die Wahrscheinlichkeit, dass ein Schaden eintritt, größer. Da sich aber die Veränderungen im Rahmen des bereits bestehenden Versicherungsvertrages vollziehen, gilt der bisherige Schutz automatisch in erweiterter Form.

Veränderungen müssen dem Versicherer spätestens dann angezeigt werden, wenn dieser dazu auffordert. Das geschieht in der Regel einmal jährlich durch einen entsprechenden Hinweis in der Prämienrechnung. Die Anzeige muss daraufhin innerhalb eines Monats beim Versicherer eingehen, sonst droht dem Versicherungsnehmer eine Vertragsstrafe.

Die Vorsorgeversicherung

Neue Risiken sollten angezeigt werden

Die Vorsorgeversicherung ist eine Art Übergangsversicherung bis zum Abschluss einer neuen Police. Sie leistet maximal 500 000 Mark bei Personen- und 150 000 Mark bei Sachschäden. Der Versicherungsnehmer muss das neue Risiko seiner Gesellschaft entweder von sich aus oder spätestens auf deren Aufforderung binnen eines Monats anzeigen. Versäumt er dies, so verliert er rückwirkend den Schutz der Vorsorgeversicherung. Tipp: Die neue Versicherungspolice muss nicht bei der gleichen Gesellschaft abgeschlossen werden, wenn sich ein günstigerer Anbieter findet.

Die Schadensminderungspflicht

Der Versicherungsnehmer muss alles tun, um einen Verunglückten zu retten und Schaden zu begrenzen. Erteilt der Versicherer Weisungen, welche Rettungsmaßnahmen ergriffen werden sollen, muss sich der Versicherte daran halten. Keinesfalls darf er Schadenersatzansprüche von sich aus anerkennen oder gar befriedigen. Ein Schadensfall ist binnen einer Woche anzuzeigen, egal ob zu diesem Zeitpunkt schon Haftpflichtansprüche geltend gemacht worden sind oder nicht. Unverzüglich anzuzeigen ist generell die Einschaltung eines Gerichts, der Erlass eines Mahnbescheids oder eines Strafbefehls sowie die Einleitung eines Ermittlungsverfahrens oder die Anordnung einer einstweiligen Verfügung.

Außerdem ist der Versicherte verpflichtet, einen ausführlichen und wahrheitsgemäßen Schadensbericht zu erstatten. Er muss seiner

Sie sind verpflichtet, Gefahrenquellen zu beseitigen

Gesellschaft die Prozessführung überlassen und dem von ihm bestellten Anwalt Vollmacht erteilen. Der Versicherer darf Ansprüche im Namen des Versicherten anerkennen oder einen Vergleich schließen. Ist dieser mit dem Ergebnis nicht einverstanden – etwa weil die Deckungssumme überschritten wird –, muss er die Kosten selbst tragen, die durch seine Weigerung zusätzlich entstehen. Der Versicherte muss für den gesamten Schaden allein aufkommen, wenn er Gefahrenquellen nicht beseitigt hat, auf die ihn die Versicherung vorher ausdrücklich hingewiesen hat.

Leistungen der Haftpflichtversicherer

Ist der Schadensfall eingetreten, prüft der Versicherer die Haftpflichtfrage, weist rechtlich unbegründete Forderungen zurück und führt dazu gegebenenfalls Prozesse auf eigene Kosten. Das gilt auch für solche Prozesse, die die Höhe der Schadenersatzansprüche zum Gegenstand haben. Die entstehenden Prozesskosten werden nicht auf die Entschädigungssumme angerechnet.

Übersteigen die Schadenersatzansprüche jedoch die jeweilige Deckungssumme, übernimmt der Versicherer auch die Prozesskosten nur im entsprechenden Verhältnis. Wurde der Anspruch des Geschädigten von der Versicherungsgesellschaft anerkannt oder durch ein rechtskräftiges Urteil festgestellt, muss die Zahlung der Entschädigung binnen zwei Wochen erfolgen. Das Geld geht entweder an den Versicherungsnehmer oder direkt an den Geschädigten. Das darf allerdings nur mit Zustimmung des Versicherungsnehmers erfolgen. In der Regel befindet sich eine entsprechende Frage in den Formularen zur Schadenanzeige. Eine Auszahlung an den Versicherungsnehmer empfiehlt sich, wenn dieser möglicherweise ein Aufrechnungsrecht wegen einer Gegenforderung geltend machen will, weil auch ihm ein Schaden entstanden ist.

Die neue Rechtslage beim Schmerzensgeld

Das neue Gesetz geht zu Lasten der Versicherten

Für die Versicherungen ist das neue Gesetz ein Grund zur Freude. Mit rigorosen Kürzungen bei Schadenersatz und Schmerzensgeld wollen sie bis zu drei Milliarden Mark im Jahr sparen – und das auf Kosten der Opfer. So soll es beispielsweise für leichte Körperverletzungen (Nackenschmerzen, Prellungen etc.) gar nichts mehr geben. Und wer ein kaputtes Auto selbst repariert, dem darf die Entschädigung für den Blechschaden gekürzt werden. Künftig erhalten die Opfer nur noch ein finanzielles Trostpflaster.

Die bisherige Rechtslage zeigte sich vor allem bei kleinen Alltags-Unfällen als vorteilhaft. So konnte bislang für Behandlungs- und Reparaturkosten Schadenersatz verlangt werden. Auch wer sein Auto selbst ausbesserte, gebrauchte Teile nahm oder mit der Bahn weiterfuhr, bekam den vollen Preis einer Werkstatt-Reparatur als Schadenersatz. Der Versicherte durfte an dem Schaden also auch noch verdienen (BGH, Az. VI ZR 226/91). Zusätzlich konnten Unfallopfer Schmerzensgeld vom Verursacher oder von seiner Versicherung verlangen.

Und das waren – je nach Schwere und Dauer der Verletzung – immerhin noch ein paar Tausend Mark. Trotzdem liegen die Sätze in Deutschland immer noch deutlich hinter denen, die etwa in den USA gezahlt werden und die oft für Aufsehen sorgen. Selbst bei tödlichen Verletzungen fällt das Schmerzensgeld als Trost für die Hinterbliebenen ganz weg. Denn wer sofort stirbt, der erleidet keine Schmerzen – so die Bundesrichter. Fazit: Der Betroffene bzw. die Hinterbliebenen erhalten auch kein Geld.

Bitte beachten Sie:

- *Sparen Sie bei der Haftpflichtversicherung nicht an der Deckungssumme. Die Beiträge zur Haftpflichtversicherung können zudem als Sonderausgaben bei der Einkommensteuer geltend gemacht werden.*
- *Für Schäden, die bei der Berufsausübung des Versicherungsnehmers entstehen, kommt die Privathaftpflicht nicht auf (Deckung über Betriebshaftpflichtversicherung).*

Das sollten Sie wissen:

- Eigentümer haften in voller Höhe und gesamtschuldnerisch, also zunächst auch für Schäden, die eigentlich andere, wie z.B. Handwerker, zu verantworten haben. Tipp: Alle wichtigen Rechnungen aufheben und eventuell die Handwerker haftbar machen.
- Auch Mieter können haften: Besitzer von Öltanks haften auch ohne eigenes Verschulden. Schon allein die Tatsache, dass aus dem Tank Öl austritt, reicht für die Gefährdungshaftung aus. Sie tritt nicht ein, wenn der Schaden durch höhere Gewalt, z.B. Erdbeben, Blitzschlag oder Sturmflut verursacht wurde. Als Besitzer eines Öltanks gilt, wer über den Tank verfügen kann, ihn nutzt und die Kosten trägt. Tipp: Mietverträge prüfen, da auch ein Mieter, dem der Tank zusammen mit dem Haus zur Nutzung überlassen wurde, haften muss.

Auch Mieter können haftbar gemacht werden

Bei allmählich entstandenen Sachschäden haftet die Versicherung nicht

- Hohe Deckungssumme wählen: Die Haftpflichtversicherung zahlt maximal bis zur Höhe der im Vertrag vereinbarten Deckungssumme. Mitversichert ist die Haftpflicht von Hausmeistern, Gärtnern und Verwaltern. Ausgeschlossen sind dagegen Ansprüche von Personen, die mit dem Versicherten in einem gemeinsamen Haushalt leben. Die Versicherung zahlt auch nicht bei vorsätzlich herbeigeführten Schäden sowie bei Sachschäden, die allmählich entstanden sind, etwa Flecken an der Hauswand des Nachbarn, weil der eigene Kamin jahrelang rußte. Schäden an Sachen, die der Versicherte gemietet hat, sind nicht gedeckt. Tipp: Niedrige Deckungssummen in alten Verträgen möglichst aufstocken.
- Nicht auf Vorsorgeschutz verlassen: Die meisten Versicherer fragen in ihrer Prämienrechnung auch nach neuen Risiken, die nicht vom Haus- und Grundbesitz ausgehen. Der Hausbesitzer könnte sich etwa einen Wachhund gekauft haben, hat aber noch keine Tierhalter-Haftpflichtversicherung abgeschlossen. Über die Vorsorgeleistung sind solche Risiken mitversichert, aber nur so lange, bis die Versicherung danach fragt. Außerdem ist die Leistung der Versicherungsgesellschaft hier begrenzt (500 000 Mark für Personen- und 150 000 Mark für Sachschäden). Von daher gilt: Neue Risiken sofort der Gesellschaft melden. Tritt jedoch ein Schaden ein, bevor man den neu angeschafften Hund oder Öltank versichern konnte, sollte man auf die Vorsorgeversicherung zurückgreifen.

Die Gebäudeversicherung – zum Absichern der Immobilie

Die Feuerversicherung ist die wichtigste Gebäudeversicherung

Die Feuerversicherung ist die wichtigste Gebäudeversicherung. Dabei sind die verschiedenen Versicherungsarten einzeln oder im Paket zu kaufen – deswegen verbundene Wohngebäudeversicherung genannt. Man kann so Feuer, Blitzschlag, Leitungswasser, Sturm (ab Windstärke 8) und Hagel mit einer Police abdecken. Die Prämien werden dann für jede der Versicherungen einzeln berechnet.

Mit einer Gebäudeversicherung ist das Gebäude selbst, aber nicht der Hausrat versichert. Dieser sollte mit einer eigenen Hausratversicherung gedeckt werden (siehe unten). Der allgemeine Versicherungsschutz umfasst auch außen angebrachtes Zubehör wie Markisen, Brennstoffvorräte, Abwasserrohre. Versichert ist aber auch fest eingebautes Mobiliar – wie Einbauschränke oder Teppichböden. Diese kann man übrigens auch über die Hausratversicherung versichern, bei einer Gebäudeversicherung ist dies aber billiger.

Bei einem Totalschaden erhält der Versicherungskunde dann den Betrag, der nötig ist, um das Haus wieder wie vorher aufzubauen. Egal, wie verwohnt es war. Grundlage der Entschädigung ist dabei der ortsübliche Neubauwert am Schadenstag. Diesen Neuwert bekommt er aber nur, wenn das Gebäude innerhalb von drei Jahren wieder erstellt wird. Danach zahlt die Versicherung nur noch den Zeitwert. Bei Schäden am Haus ersetzt die Versicherung die Reparaturkosten. Zudem wird bei Abbruch-, Aufräum- und Schutzkosten Ersatz geleistet. Hierbei ist empfehlenswert, eine höhere Versicherungssumme anzusetzen. Denn häufig werden die dafür standardmäßig vorgesehenen Regulierungsrahmen gesprengt. Beispielsweise müssen immer mehr Rückstände nach Bränden kostspielig als Sondermüll entsorgt werden. Nicht zuletzt ist wichtig, dass eine Gebäudeversicherung für entgangene Mieteinkünfte zwölf Monate gerade steht.

Grundlage der Haftung bei Totalschaden: der ortsübliche Neubauwert am Schadenstag

Feuer

Eine Feuerversicherung ist jedem Hausbesitzer dringend zu empfehlen. Auch Eigentümergemeinschaften, die Eigentumswohnungen in einem Gebäude halten, brauchen eine solche. Die einzelnen Besitzer zahlen dann mit ihrem Wohngeld gemeinsam die Police. Oft wissen dies die Eigentümer gar nicht, denn dies regelt der Verwalter.

Häufig ist eine Feuerversicherung sogar Voraussetzung dafür, dass ein Bankkredit zum Hausbau oder Eigentumswohnungskauf genehmigt wird. Standard ist mittlerweile auch, dass diese Wohngebäudeversicherung eine kostenlose Rohbauversicherung integriert. Sie wird also bereits spätestens zum Baubeginn abgeschlossen.

Wasserschaden

Die meisten Versicherungsschäden an Wohngebäuden entstehen durch Rohrbrüche bei Frost. Und Leitungswasserschäden sind zehn Mal häufiger als Feuerschäden. Je nach der chemischen Zusammensetzung des Wassers teilen die meisten Versicherungsgesellschaften Deutschland in drei oder vier Leitungswasserzonen ein. Das Versichern dieses Risikos ist in Zone 3 teurer als in Zone 1. Für Häuser mit älteren Leitungen und Regionen mit besonders aggressivem Wasser ist eine solche Versicherung empfehlenswert. Und besonders für Besitzer von Fußbodenheizungen.

Eine Sturmversicherung ist vor allem für Küstenbewohner interessant

Sturm

Auch bei der Sturmversicherung gibt es drei Sturmzonen. Natürlich lohnt sich diese Versicherung besonders für die Bewohner an den Küsten. Nach den Erfahrungen der letzten Jahre aber eventuell auch in anderen Teilen Deutschlands.

Die Versicherungssumme bestimmt die Höhe der Prämie

Entscheidend bei allen Bausteinen der Gebäudeversicherung ist die Versicherungssumme, die über den Wert des Hauses ermittelt wird. Dazu müssen Sie im Wertermittlungsbogen genaue Angaben zum Haus, seiner Ausstattung, zu Nebengebäuden und Garagen machen.

Zur Wertermittlung nutzen die Versicherungsgesellschaften ein kompliziertes, antiquiertes und umstrittenes Rechenverfahren: Um den Wert von Häusern vergleichen zu können, berechnen sie den vergleichbaren Neubauwert des Gebäudes im Jahr 1914 (das ist kein Druckfehler!). Und das gilt kurioserweise auch für Neubauten. Die Versicherungsmathematiker nehmen also die Baukosten des Jahres 1914 als Basisjahr. Darauf baut sich ein komplexes Indexsystem auf, das u.a. auch den Stand des amtlich ermittelten Baupreisindex und zu einem gewissen Teil auch den Tariflohnindex des Baugewerbes berücksichtigt. Mit einem so ermittelten Prämienfaktor wird dann der Wert des Hauses errechnet.

Sinnvoller ist die Beauftragung eines Gutachters zur Wertermittlung, der sicherlich ein exaktes Ergebnis liefert. Die oft hohen Kosten müssen die Versicherungskunden allerdings selbst tragen. Lässt sich aber die Versicherung darauf ein, sollte man vorher fragen, ob der jeweilige Gutachter auch anerkannt wird.

Sehr sinnvoll: gleitender Neuwert

Damit Sie im Laufe der Zeit immer auf der Höhe der Wertentwicklung Ihres Hauses sind, sollten Sie einen so genannten gleitenden Neuwert vereinbaren. Die Versicherung passt dann automatisch Versicherung und Prämie an die Veränderung der Baupreise an. Damit vermeiden Sie die drohende Unterversicherung, was Ihnen die Versicherung in Ihrer Police mit einem Unterversicherungsverzicht bestätigen sollte.

Während der Laufzeit der Police sind Sie dann verpflichtet, der Versicherung jegliche Veränderungen zu melden, die den Wert des Gebäudes verändern. Informieren Sie über An-, Ein- und Umbauten, über Stilllegung bestimmter Gebäudeteile oder über die Aufnahme eines Gewerbebetriebes.

Die Verträge bei den verschiedenen Versicherungsgesellschaften bieten eigentlich immer das Gleiche – die Angebote sind also einheitlich. Nicht dagegen die Preise. Hier gibt es immense Unterschiede: Prämienunterschiede bis zu 350 Prozent – und das für die identische Leistung.

Steigen Sie deswegen aus teuren Verträgen aus. Dazu müssen Sie mindestens drei Monate zum Ende des jeweiligen Versicherungsjahres schriftlich kündigen, bei Fünf- oder Zehnjahresverträgen nach Ablauf dieser Zeitspanne. Doch ein Problem gibt es dabei häufig: Die im Versicherungsvertragsgesetz vorgeschriebene Zustimmung des Hypothekengläubigers zur Kündigung des Versicherers verkompliziert Kündigung und Wechsel der Versicherung bei nicht abgezahlten Häusern. Hier ist eine Kündigung nur wirksam, wenn alle im Grundbuch genannten Kreditgeber schriftlich zugestimmt haben. Und die stimmen nur zu, wenn der neue Versicherer ihnen bestätigt, dass der Kunde bei ihm eine gleichwertige Deckung für sein Haus erhält. Das alles erfordert viel Papierkram, den Ihnen Ihre neue Versicherung zumindest teilweise gerne abnimmt.

Für die Kündigung müssen alle Gläubiger zustimmen

Neuverträge sind in der letzten Zeit übrigens meist nur noch mit Selbsterhalt zu bekommen. Hier hat der Versicherungskunde im Schadensfall meist eine Promille zu zahlen. Diese Verträge lohnen sich aber nur, wenn die Prämie dadurch nennenswert sinkt.

Das kostet eine Gebäudeversicherung – einzeln und im Paket

Rechenbasis: Einfamilienhaus, ständig bewohnt, Versicherungssumme 500 000 Mark, Sturmzone 1 – wenig gefährdete Region, Leitungswasserzone 1 – Zone mit wenig problematischem Wasser, jeweils durchschnittliche Jahresbeiträge, 5- bis 10-jährige Laufzeit

Feuer – 0,25 Mark pro 1 000 Mark Versicherungssumme	*125 Mark*
Leitungswasser – 0,30 Mark pro 1 000 Mark Versicherungssumme	*150 Mark*
Sturm/Hagel – 0,23 Mark pro 1 000 Mark Versicherungssumme	*115 Mark*
Gesamtjahresprämie	*390 Mark*

Besonders begehrt bei Versicherungen sind die Besitzer von Neubauten. Die Gesellschaften locken dann gerne mit Neubaurabatten. Dies sollte aber nicht das einzige Kriterium für die Wahl eines Versicherers sein. Denn manchmal läuft dieser Rabatt schon nach wenigen Jahren aus und dann ist man plötzlich relativ teuer versichert.

Spezialfall Tierversicherungen - Policen für Hund und Katz

Wie Sie Ihre Haustiere versichern

Kinder lieben Tiere. Dabei sind Tierhalter für alle Schäden ihrer Lieblinge verantwortlich. Hamster und Meerschweinchen können wenig anrichten. Deswegen sind wohl auch die Schäden der kleineren Tiere in der privaten Haftpflicht mitversichert. Das gilt für gezähmte Klein- und Haustiere, auch Katzen und Vögel, sogar für Bienenvölker. Ausnahmen: Hunde und Pferde. Für diese gibt es spezielle Haftpflichtversicherungen.

Die Versicherer regulieren jährlich mehr als 300 000 Schäden, die Hunde verursachen. Dafür zahlen die Halter über 100 Mark im Jahr. Pferde sind etwas teurer zu versichern. Das betrifft aber nur die eigenen Pferde. Denn in der privaten Haftpflichtversicherung sind auch die Personen- und Sachschäden abgedeckt, die ein geliehenes Pferd verursachen kann.

Für die Haustiere können auch Krankenversicherungen abgeschlossen werden. Wer Hund und Katz für den Krankheitsfall versichern will, der kann dies auf dem deutschen Markt bei einigen wenigen Versicherern tun. Der Schutz ist allerdings nicht billig. Die Kosten betragen im Schnitt 600 Mark im Jahr. Auch beim tierischen Patient ist zwischen Kassenpatient mit Zuzahlung oder Luxusbehandlung zu wählen. Dabei zeigt der Versicherungsschutz oft auch bei den teuren Anbietern Lücken. Denn die Leistungen sind häufig beschränkt. Besser

Tierische Versicherungs-Aussichten

Pferdelebensversicherung
Pferdekrankenversicherung
Leibesfruchtversicherung
Sattelversicherung
Reiterunfallversicherung
Reiterberufsunfähigkeitsversicherung

Anbieter:

Uelzener Versicherung
Ludwigsburger Straße 55, 71691 Freiberg
Tel.: 0 71 41/7 55 00, Fax: 0 71 41/7 55 95

Inter Versicherung
Erzbergerstraße 9-15, 68165 Mannheim
Tel.: 06 21/42 70, Fax: 06 21/41 21 55

Deutsche Versicherungsmakler
Spezialmakler für Pferdesport
Schlüterstraße 58, 85057 Ingolstadt
Tel.: 08 41/45 58, Fax: 08 41/4 25 39

ist es, die Kosten für den Krankheitsfall einzuplanen: Arztkosten für Hund und Katz liegen normalerweise im Jahr zwischen 200 bis 400 Mark. Auch scheint dieses Geschäft für die Versicherungsgesellschaften kaum rentabel zu sein, wie sich abzeichnet: Eine Versicherung hat den Verkauf von Hunde- und Katzen-Krankenversicherungen schon aufgegeben.

Wichtig kann allerdings beim Transport von edlen Pferden eine Tierversicherung sein. Diese zahlt bei Tod, Notschlachtung, Krankheit, Unfall und dauernder Unbrauchbarkeit – so drückt es das Versicherungsdeutsch aus.

Eine private Haftpflicht gehört zur Familie

Die private Haftpflicht: eine der wichtigen und günstigen Familienversicherungen

Der richtige Versicherungsschutz für Familien. Zur Absicherung von Schadenersatzansprüchen für Familien ein unbedingtes Muss. Eine private Haftpflichtversicherung ist dringend erforderlich. Ein Feuer, das sich durch Ihr Versehen auf ein größeres Wohnhaus ausbreitet, kann den finanziellen Ruin bedeuten. Denn wer anderen Schaden zufügt, haftet praktisch unbegrenzt.

Eine private Haftpflichtversicherung ist eine günstige Familienversicherung – schon für knapp 100 Mark Jahresprämie (auch hier sind die Prämienunterschiede sehr groß) zu haben. Grundsätzlich sind – auch getrennt lebende – Ehepartner, unverheiratete Partner, minderjährige Kinder und auch unverheiratete volljährige Kinder, solange sie noch in der Schul- oder ersten Berufsausbildung sind und bei den Eltern wohnen, mitversichert. Sie sollten deshalb auch im Versicherungsschein erwähnt werden.

Bei einer Scheidung sollte ein Partner die Familienpolice übernehmen – am besten der mit den Kindern – und der andere schließt eine neue ab. Werden Kinder flügge, brauchen sie eigene Verträge.

Das Problem der Aufsichtspflicht

Problem Aufsichtspflicht: Kinder unter sieben Jahre sind nicht schuldfähig. Hier haften die Eltern in jedem Fall für Schäden. Was bedeutet: Die Versicherung zahlt. Kinder ab sieben Jahre werden selbst für ihr Handeln zur Verantwortung gezogen. Stellen diese etwas an, muss die Versicherung nur zahlen, wenn die Eltern ihre Aufsichtspflicht verletzt haben.

Eine private Haftpflichtversicherung deckt auch Schäden unter Verwandten und Angehörigen. Allerdings darf die Person nicht im

Haushalt des Versicherten leben. Eine private Haftpflichtversicherung gilt übrigens weltweit. Auch wenn Ihr Kleinkind im Urlaub einen Schaden anrichtet, kommt dafür die Versicherung auf.

__Leistung:__ Kosten für gerichtliche Streitfälle.

__Nachteile:__ viele Einschränkungen, z.B. bei Scheidung oder Erbstreitigkeiten.

__Beiträge:__ Verkehrs-Rechtsschutz (mit 1 000 Mark Selbstbeteiligung) ab 49 Mark im Jahr.

__Fazit:__ weniger wichtig.

Die Rechtsschutzversicherung

Für die meisten Versicherungsnehmer klingt es einfach, praktisch und sinnvoll: Mit einem Schlag sollen alle Prozessrisiken abgesichert sein, wenn man ein Rechtsschutzpaket abschließt. Tatsächlich aber sind solche Komplett-Angebote oft nicht nur überflüssig – sie sind häufig auch teurer als Einzelverträge, die man bei verschiedenen günstigen Anbietern abschließen kann. Zu empfehlen sind Rechtsschutzversicherungen sowieso nur, wenn man zu einer besonderen Risikogruppe gehört.

Verkehrsrechtsschutz zum Beispiel kann sinnvoll sein für Vielfahrer und alle, für die Auto und Führerschein existenzwichtig sind. Berufsrechtsschutz macht nur Sinn, wenn man nicht Mitglied einer Gewerkschaft ist. Denn dann erhält man bereits Anspruch auf Vertretung in Arbeitsgerichts-Verfahren. Mietrechtsschutz sollte abgeschlossen werden (eventuell als Kombi mit einer Privatrechtsschutzpolice), wenn man sich die Kosten von 59 bis 227 Mark pro Jahr leisten kann. Günstiger wäre hier ein Beitritt zu einem der vielen Mieterschutz-Vereine.

Nur die Prämien sind unterschiedlich ...

Weil sich die Leistungen der einzelnen Gesellschaften kaum voneinander unterscheiden, sollte man sich ausschließlich nach der Prämienhöhe richten. Wer Sondertarife für den Öffentlichen Dienst in Anspruch nimmt, für den wird es nochmals billiger. Die von manchen teuren Gesellschaften angebotene Selbstbeteiligung ist dagegen eher Augenwischerei: Auch wenn dadurch die Prämien sinken, zahlt man immer noch mehr als bei den preiswertesten Anbietern. Außerdem gilt: Wenn es darum geht, Schadenersatzansprüche von anderen abzuwehren, springt meistens schon die Haftpflichtversicherung ein, die solche Prozesse auf eigene Rechnung, aber im Namen ihres Kunden führt.

... bei den Leistungen unterscheiden sich die Versicherer nicht

Abgesehen davon, dass z.B. bei Scheidungen nur Beratungskosten erstattet und teure Baurechts-Prozesse gar nicht bezahlt werden, sind alle vorsätzlich und rechtswidrig begangenen Taten nicht vom Versicherungsschutz umfasst. Wer wegen einer Verkehrsstraftat verurteilt wird, die er nach Meinung des Gerichts vorsätzlich begangen hat (z.B. Fahrerflucht) oder den erforderlichen Führerschein nicht besaß, muss trotz Versicherung alles selbst bezahlen. Ausnahmen gelten nur bei Bußgeldverfahren im Straßenverkehr. Aber: Gerade da sind die Anwalts- und Gerichtskosten nebensächlich im Vergleich zu den Geldstrafen oder Fahrverboten – und die nimmt einem die Versicherung natürlich nicht ab. Streit um den Rechtsschutz gibt es auch garantiert bei Unfällen unter Alkoholeinfluss (grob fahrlässig). Immer ausgeschlossen ist die Haftung der Versicherung, wenn man die Police erst kurz vor einem drohenden Rechtsstreit abschließt.

Nicht sofort in den Prozess

Gezahlt wird grundsätzlich erst nach einer Wartezeit. Im Klartext: Der Vertrag muss zum Zeitpunkt des Streit auslösenden Ereignisses bereits bestanden haben. Aber viele Gesellschaften verlangen dazu eine Wartezeit zwischen drei und sechs Monaten ab Vertragsbeginn. Erst dann sind sie zur Kostenübernahme verpflichtet. Und trotz bestehender Versicherung darf man nicht drauflos prozessieren. Zunächst muss man selbst oder der Rechtsanwalt die „Deckungszusage" anfordern. Die aber verweigern alle Rechtsschutzversicherungen z.B. dann, wenn man sich gegen die Klage eines anderen verteidigen will. Die Abwehr von Schadenersatzansprüchen ist nämlich immer ausgeschlossen,

Die Rechtsschutzversicherung gilt für die ganze Familie

Diese Lücke wird aber durch die Haftpflichtversicherung (privat oder Kfz) geschlossen, die ungerechtfertigte Forderungen für ihre Kunden abschmettert. Allerdings hat der Beitritt in eine Rechtsschutzversicherung auch seine Vorteile: Sie schützen immer die ganze Familie, auch unverheiratete Lebenspartner und Kinder in der Ausbildung (bis 25 Jahre). Beispiel Verkehrsrechtsschutz: Der Vertrag gilt nicht nur für Fahrer und Halter. Im Klartext: Auch wenn Freunde oder Verwandte das Auto benutzen, kann die Versicherung in Anspruch genommen werden – und nicht nur wegen Bußgeldern oder Unfällen. Gezahlt wird auch bei Streit um Mietwagen, geliehene Fahrzeuge oder bei Ärger, den man als Radfahrer, Fußgänger oder Bus- und Bahn-Fahrgast hat.

Die Preisunterschiede sind enorm

Preiswerte Gesellschaften sind bei Verkehrsrechtsschutz die WGV (Tel.: 07 11/1 69 51 91), bei Privat- und Berufsrechtsschutz für Nichtselbstständige die DEVK (Tel.: 02 21/75 70) und bei Mieterrechtsschutz die Badische (Tel.: 07 21/66 00). Große Leistungsunterschiede zu teuren Versicherern, die oftmals 100 Prozent mehr verlangen, gibt es kaum.

Seien Sie bei Komplettangeboten skeptisch

Wer lieber Komplettpakete (inklusive Mieter-, Berufs-, Privatrechtsschutz) abschließen will, sollte vorher nachrechnen. Die Badische etwa verlangt für eine Verkehrsrechtsschutzpolice 103 Mark, für eine Privat- und Berufsrechtsschutzversicherung 150 Mark, das macht zusammen 253 Mark. Aber nicht, wenn man das Komplettpaket dieses Anbieters kauft – dann kostet es plötzlich 262 Mark.

Vollmacht mit Einschränkung

Wer seine Versicherung in Anspruch nehmen will, kann sofort zum Anwalt gehen und diesen beauftragen, sich um die Kostenzusage der Versicherung zu kümmern. Meistens wird der Anwalt dann gleich um eine Vollmacht bitten. Dort muss der Zusatz angebracht sein: „Vollmacht gilt nur, soweit Deckungszusage der Rechtsschutzversicherung ... besteht." Dann müssen Sie auch für den Fall, dass die Versicherung nicht einspringen will, keine Kosten tragen.

Die günstigsten Gesellschaften

Manche Rechtsschutzversicherung mag Anwalts Liebling sein. Die Geldbörse des Versicherten freut sich dabei allerdings oft weniger. Beiträge um die 400 Mark gehören zur Spitzengruppe beim Kassieren. Geboten wird Privat-, Berufs- und Verkehrsrechtsschutz für Nichtselbstständige, in den meisten Fällen ohne Selbstbehalt. Für Mietangelegenheiten ist ein Zuschlag erforderlich. Die Badische und WGV etwa bieten ähnliche Leistungen für erheblich weniger Geld.

Manche Versicherer verlangen einen Zuschlag für Mietangelegenheiten

Die günstigsten Gesellschaften

Hier finden Sie die günstigsten Versicherer

Gesellschaft	***Adresse***	***Telefon***
Agrippina	*Worringerstr. 11-13, 50668 Köln*	*02 21/77 15 44 05*
Auxilia Allgemeine Rechtsschutzversicherung AG	*Uhlandstr. 7, 80226 München*	*0 89/53 98 10*
Badische Rechtsschutzversicherung AG	*Durlacher Allee 56, 76131 Karlsruhe*	*07 21/66 00*
Bruderhilfe	*Kölnische Str. 108, 34108 Kassel*	*05 61/ 7 88 10*
D.A.S.	*Thomas-Dehler-Str. 2, 81728 München*	*0 89/62 75 01*
DA Deutsche Allgemeine Versicherungen	*Bockenheimer Landstr. 2-4, 60252 Frankfurt*	*01 80/3 24 24 24*
DBV-Winterthur	*Gustav-Stresemann-Ring 12-16, 65178 Wiesbaden*	*06 11/36 30*
Deurag	*Abraham-Lincoln-Str. 3, 65189 Wiesbaden*	*06 11/77 10*
DEVK	*Riehler Str. 190, 50735 Köln*	*02 21/75 70*
HRV Hannover Rechts-Schutzversicherung	*Bödekerstr. 80, 30161 Hannover*	*05 11/3 90 20*
HUK-Coburg	*Bahnhofplatz, 96444 Coburg*	*0 95 61/9 60*
LVM	*Kolde-Ring 21, 48126 Münster*	*02 51/7 02 27 06*
WGV Württembergische Gemeinde-Rechtsschutz-Versicherung	*Tübinger Str. 43, 70178 Stuttgart*	*07 11/1 69 51 91*
Zürich	*Opernplatz, 60252 Frankfurt*	*0 69/7 11 50*

Worauf bei der Rechtsschutzversicherung zu achten ist

Bitte beachten Sie:

- *Wählen Sie Rundumschutz in der Rechtsschutz-Versicherung, sind die wichtigsten Risiken des Lebens wie etwa Verfahren vor Verwaltungsbehörden, Arbeits- und Sozialgerichten abgedeckt.*
- *Strafrechtliche Verfahren fallen nur dann darunter, wenn Sie nicht vorsätzlich gehandelt haben bzw. „auf frischer Tat" ertappt wurden. Schließen Sie keine Rechtsschutzpolice ab, wenn sich ein Rechtsstreit bereits abzeichnet.*
- *Spätschäden: Die Nachmeldefrist für Schäden, die während der Laufzeit eines Vertrages entstanden, aber erst später erkannt wurden, beträgt drei Jahre!*
- *Versichert werden können im Vertragsrechtsschutz auch Streitigkeiten aus Garantieverträgen sowie alle privatrechtlichen Schuldverhältnisse (wenn z.B. nach einer Fehlüberweisung der falsche Empfänger das Geld nicht herausrücken will etc.).*
- *Rechtsschutz für Auslandsreisen gilt weltweit, wenn ein Gericht in Europa zuständig ist. Das ist z.B. günstig bei Fernreisen, die bei einem europäischen Veranstalter gebucht wurden.*
- *Nicht versichert: Halte- und Parkverstöße, Spekulations- und Termingeschäfte.*
- *Mitversicherte Personen (etwa der im Haushalt wohnende Lebensgefährte) können nun selbstständig Rechtsschutz beantragen. Der Partner kann nicht mehr widersprechen.*
- *Lassen Sie die Deckungszusage der Versicherung vor einem Verfahren durch Ihren Anwalt klären. Strecken Sie vor allem keine Rechnungen selber vor, sondern leiten Sie diese sofort an Ihren Versicherer weiter.*

Die Hausratversicherung

Zum Hausrat gehört alles, was Sie bei einem Umzug mitnehmen würden

Zum Hausrat im klassischen VHB-Sinne gehört alles, was beim Umzug mitgenommen würde. Die Eigentumsverhältnisse sind dabei unerheblich: Der beruflich genutzte Heimcomputer wird ebenso ersetzt wie die geliehene Videokamera, nicht jedoch der Hausrat von Untermietern.

Wertgegenstände, wie echte Perserteppiche, Schmuck, Tafelsilber, Münzen, Sparbücher, Kunstgegenstände, sind nur versichert, wenn sie zusammen nicht mehr als 20 Prozent des gesamten Hausrates wert sind. Bei einer Versicherungssumme von 150 000 Mark „dürfen" also Wertsachen bis 30 000 Mark vorhanden sein. Gegen Aufpreis lässt sich der Anteil aufstocken: Bei 50 Prozent ist in den deutschen Policen aber meist Schluss. Je höher der Wertsachenanteil, desto eher lohnt sich der Wechsel zu einem Spezialanbieter, der dafür keine Zuschläge verlangt. Bestimmte Wertsachen müssen zudem in einem „mehrwandigen Stahlschrank" aufbewahrt werden. Ist dies nicht der Fall, gelten zusätzliche Einschränkungen. Die Versicherer stellen an ihre Kunden übrigens hohe Ansprüche. Ab 300 000 Mark verlangen sie Alarmanlagen, die vom Verband der Schadenversicherer (VdS) geprüft sein müssen. Sind solche Sicherheitseinrichtungen vereinbart worden, dann müssen sie auch benutzt werden – das sehen die Versicherer sehr streng.

Leistung: *Nach einem Brand, Einbruch, Sturm- oder Leitungswasserschaden werden die zerstörten oder gestohlenen Hausratgegenstände ersetzt – zum Neuwert! Berechnung der Versicherungssumme: Die Festlegung nach der Formel „Quadratmeter x 1 000 oder 1 200 Mark" ist gefährlich! Sie könnten überversichert sein und zahlen zuviel Beitrag. Oder Sie sind – mit höherwertiger Ausstattung – bei einem Totalschaden unterversichert. Besser: den ganzen Hausrat auflisten, Preise zusammenrechnen!*

Beiträge: *Regional sehr unterschiedlich. Im Großraum Hamburg zahlt man z.B. bei einem Hausrat-Neuwert von 100 000 Mark zirka 200 Mark/Jahr. Sinnvoll für alle, die einen eigenen Hausstand haben. Hausbesitzer sichern ihr Gebäude zusätzlich mit einer Wohngebäudeversicherung ab (zahlt bei Feuer-, Sturm- und Leitungswasserschaden).*

Fazit: *braucht jede Familie.*

Neben den Gegenständen in der Wohnung sind in der Versicherung auch Besitztümer wie Gartengeräte oder die Campingausrüstung in der verschlossenen Garage integriert. Auch kommt die Hausratversicherung beim Verlust von Sportgeräten wie Surfbrettern, Falt- und Schlauchbooten, Kanus oder Flugdrachen auf. Sofern sich Dinge nur maximal drei Monate im Wochenendhaus befinden, sind sie ebenso Teil des geschützten Haushaltes. Übrigens gehören Ihr Papagei oder die Katze zum Hausrat. Auch sie werden im Schadensfall von der Hausratversicherung ersetzt.

Für Wertsachen, die der Versicherte nicht im Tresor gelagert hatte, ersetzt die Versicherung bei Bargeld maximal 2 000 Mark, für Urkunden, einschließlich Wertpapiere höchstens 5 000 Mark und für Schmuck, Edelsteine, Perlen, Briefmarken, Münzen, Medaillen maximal 40 000 Mark.

Ebenso sind Sie durch eine Hausratversicherung gegen die Folgekosten eines Schadens versichert. Wenn beispielsweise die Wohnung abbrennt, diese dadurch momentan unbenutzbar ist, dann kommt die Versicherung für ein Hotelzimmer bis zu 100 Tagen auf. Auch die

Lagerung von noch brauchbaren Möbeln gehört zu den Versicherungsleistungen.

Handelt der Versicherungskunde nach Auffassung des Versicherers grob fahrlässig, kommt das Unternehmen für die entstandenen Schäden nicht auf. Man unterstellt dem Versicherten dabei eine bedeutende Mitschuld. Bei leichter Fahrlässigkeit zahlen die Versicherungsgesellschaften. Die Frage – leichte oder grobe Fahrlässigkeit – ist in vielen Fällen reine Ermessenssache und beschäftigt deswegen oft die Gerichte.

VHB-1992-Abdeckung durch die Hausratversicherung

	Versichert	*Nicht versichert*
Feuer	*Brand, Blitzschlag, Explosion, abstürzende Flugzeugteile und Folgeschäden*	*Kurzschluss oder Überspannungsschäden, die nicht Folge eines Brandes oder einer Explosion sind, sowie Sengschäden glimmender Zigaretten oder Streichhölzer*
Einbruchdiebstahl, Raub, Vandalismus	*Einbruchdiebstahl, Raub oder räuberische Erpressung, einschließlich Kosten für notwendige Schlossänderungen und Reparaturen von Gebäudebeschädigungen, mutwillige Beschädigung von Sachen durch Einbrecher (Vandalismus)*	*Einfacher Diebstahl, d.h. ohne Einbruch (z.B. bei unverschlossenen Türen); Diebstahl aus Autos; Vandalismus und Raub ohne Einbruch*
Leitungswasser	*Bestimmungswidrig austretendes Leitungswasser, auch aus Wasch- oder Spülmaschinen, Anlagen der Warmwasser- oder Dampfheizung, Einrichtungen von Klima-, Wärmepumpen- oder Solarheizungsanlage; Überlaufen oder Wasserdampf; Frostschäden an sanitären Anlagen und leitungswasserführenden Installationen, die der Mieter auf eigene Kosten beschafft oder übernommen hat; Kosten für Reparaturen in gemieteten Wohnungen, um die an Bodenbelägen, Innenanstrichen oder Tapeten entstandenen Leitungswasserschäden zu beseitigen*	*Schäden durch Regen, Grund- und Hochwasser, stehende und fließende Gewässer oder den in diesen Fällen verursachten Rückstau; durch Plansch- oder Reinigungswasser sowie durch Schwamm*

VHB-1992-Abdeckung durch die Hausratversicherung		
	Versichert	*Nicht versichert*
Sturm/ Hagel	*Sturm ab Windstärke 8*	*Sturm unterhalb von Stärke 8, Sturmflut, Lawinen oder Schneedruck; Eindringen von Regen oder Schmutz bei nicht ordnungsgemäß geschlossenen Fenstern, Außentüren oder anderen Gebäudeöffnungen*
Bei allen genannten Gefahren	*Kostenaufwand, um Schäden gering zu halten; Kosten für Auf- und Wegräumen versicherter Sachen; Hotel- oder ähnliche Unterbringung (ohne Frühstück und Telefon) sowie Kosten für Transport und Lagerung des Hausrats, wenn die Wohnung infolge eines versicherten Schadensereignisses unbewohnbar wird.*	*Kriegsereignisse, innere Unruhen, Erdbeben, Kernenergie; vom Versicherten oder eines mit ihm in Gemeinschaft lebenden Erwachsenen vorsätzlich oder grob fahrlässig herbeigeführte Schäden*

Die Versicherung haftet z.B. nicht

- bei Fahrrad-Diebstahl, bei Glasbruch, Diebstahl aus dem Auto – diese Risiken müssen alle extra versichert werden;
- bei Einbruchdiebstahl, wenn z.B. keine Einbruchspuren vorhanden sind, die Haustür nicht verschlossen war, der Dieb durch ein offenes Fenster eingestiegen ist;
- bei allen Wasserschäden, z.B. übergelaufener Badewanne, Putzwasserschäden, auch nicht bei Regen oder Hochwasser;
- bei Schäden, die durch direkten oder indirekten Blitzeinschlag (z.B. ins E-Werk) entstehen. Tipp: Schließen Sie eine „Überspannungsklausel" gegen Blitzschlag ein, wenn Sie hochwertige technische Geräte besitzen.

Unbedingt vermeiden: Unter- und Überversicherung

Der Wert Ihres Hausrates ist das entscheidende Kriterium bei einer Hausratversicherung. Denn daraus ergibt sich die Versicherungssumme, die in Ihrem Versicherungsschein notiert ist. Das ist der Betrag, den Sie bei einem Totalschaden von der Versicherung bekommen; aber auch keinen Pfennig mehr. Schon das zeigt, dass man bei der Versicherungssumme nicht zu tief stapeln sollte. Hausratversicherungen sind günstige Versicherungen. Es rechnet sich deshalb nicht, an der Prämie zu sparen!

Die Versicherer bieten für die Berechnung der Versicherungssumme eine Faustregel: pro Quadratmeter Wohnfläche 1 200 Mark. Sie müssen die Größe Ihrer Wohnung mit 1 200 multiplizieren und erhalten Ihre Versicherungssumme.

Der Vorteil: Wenn man sich nach dieser Regel versichert, garantieren die Gesellschaften eine Erstattung ohne Abzug. Liegt man darunter – beispielsweise bei 50 Quadratmetern mit einer Versicherungssumme von nur 30 000 Mark (das entspricht dem Wert eines Quadratmeters von 600 Mark) –, behaupten die Versicherungen gerne, ihr Kunde sei unterversichert, um nicht die volle Versicherungssumme auszahlen zu müssen.

Die übliche Annahme – den Quadratmeter Wohnfläche mit 1 200 Mark zu versichern – greift nicht in allen Wohnsituationen

Die oben erwähnte Faustregel der Versicherer ist trotz des Umgehens der Unterversicherung kein guter Rat. Denn die verschiedenen Wohnungssituationen sind doch sehr individuell. So zahlt man nach dieser Faustregel für eine spärlich möblierte, große Wohnung zu viel Prämie. Und kleine Wohnungen, die gut ausgestattet sind, bekämen bei einem Totalverlust zu wenig. Hier sollte man eher von 1 500 bis 2 000 Mark pro Quadratmeter ausgehen. Auch für lang bestehende Haushalte ist der Multiplikator 1 200 meist zu niedrig, weil sich doch im Laufe der Jahre mehr an Werten ansammelt.

Am besten ermitteln Sie deswegen Ihre Versicherungssumme anhand einer Wohnungsinventur. Auch wenn es zeitaufwendig ist, sollten Sie eine Checkliste aller Dinge in Ihrer Wohnung erstellen. Dabei sollten Sie penibel sein und vom Bügelbrett zum Kinderschlitten über das TV-Möbel zu den Sektkelchen kommen und hinter Ihrem Hab und Gut den Neupreis notieren (dabei hilft ein Versandhauskatalog) und auch nicht den Inhalt der Schränke und den Keller vergessen. Für diese Fleißübung bieten Versicherungen so genannte Wertermittlungstabellen an, die allerdings nur allgemeine Einträge ermöglichen. Haben Sie dann endlich Raum für Raum abgearbeitet, werden sie sicher erstaunt sein, welche Werte sich in Ihrem Heim türmen.

Legen Sie trotzdem (gedanklich) noch einen Stapel Geldscheine als Sicherheitsaufschlag obendrauf. Beispielsweise für bevorstehende größere Neuanschaffungen. Die Prämien für eine Hausratversicherung lassen dies zu.

Doch die so ermittelte Versicherungssumme kann Ihnen nicht fürs Leben genügen. Die einmal vereinbarte Versicherungssumme muss regelmäßig erhöht werden, um Unterversicherung zu vermeiden. Denn manche Versicherungsgesellschaften unterstellen ihren Kunden automatisch eine Unterversicherung, wenn der Vertrag schon viele Jahre läuft und die Versicherungssumme nicht angehoben wurde. Deswegen bieten Sie Ihren Kunden eine dynamische Steigerung der Versicherungssumme an. Besser ist allerdings eine Anpassung an die Teuerungsrate und das Berücksichtigen von außergewöhnlichen Mobiliareinkäufen.

Eine echte Fleißübung: das Erstellen von Wertermittlungstabellen

Worauf die Familie achten sollte

Gut die Hälfte aller Schadenszahlungen der Hausratversicherer entstehen durch Einbrecher. Von daher stellen die Versicherer hohe Anforderungen an ihre Kunden:

- Alle Fenster müssen geschlossen sein, wenn man das Haus oder die Wohnung verlässt. Sie dürfen auch nicht gekippt bleiben, selbst im Hochsommer, zumindest im Erdgeschoss. Dem Versicherer ist auch unbedingt zu melden, wenn ein Gerüst am Haus steht, damit der Versicherte aus dem Schneider ist, wenn etwas passiert.
- Türen müssen ebenfalls verschlossen, d.h. abgeschlossen sein. Der Schlüssel sollte möglichst zweimal im Schloss umgedreht werden. Ist die Tür im Sinne der Versicherer unverschlossen (also bloß zugezogen), leisten sie keine Entschädigung. Der Kunde hat das Nachsehen.
- Kommt der Einbrecher an den Schlüssel des Opfers und damit in dessen Wohnung, so ist zu unterscheiden, ob der Schlüssel gewaltsam geraubt wurde (dann zahlt die Versicherung den Schaden, einschließlich der Kosten für neue Schlösser) oder ob er trickreich ohne Aufsehen den Besitzer gewechselt hat, z.B. beim „unsichtbaren" Griff in die Handtasche. Dann wird auch der Scheck der Versicherung nicht sichtbar.
- Noch schwieriger wird es bei der erpressten Herausgabe des Schlüssels (Täter droht eine Gewalttat für Leib und Leben an). Ein sich anschließender Schaden ist nur dann versichert, wenn die Heraus-

Drehen Sie beim Abschließen der Haustüre den Schlüssel besser zweimal um

gabe innerhalb der Wohnung stattfand. Gleiches gilt übrigens auch für das erpresste Tresoröffnen. Insgesamt kommt es dabei sehr auf den Einzelfall an, damit Lösegelderpressungen von vornherein ausgeschlossen bleiben.

- Hat der Täter sich mit einem „unerlaubten" Nachschlüssel Zutritt verschafft, ist der Schaden grundsätzlich versichert. Das Problem ist aber, dass dem Versicherten die lästige Nachweispflicht obliegt. Dabei hilft womöglich das Einschicken des Profilzylinders an das Bundes- oder das Landeskriminalamt, das unter dem Rastermikroskop geringste Spuren von Manipulationen feststellen kann.
- Zahlreiche Urteile zur Fahrlässigkeit des Versicherungsnehmers belegen, dass im Einzelfall unterschieden werden muss, ob es sich um ein so genanntes Augenblicksversagen handelt oder nicht. So ist es für die Versicherung etwas anderes, ob der Kunde verreist, ohne seine Haustür abzuschließen, oder nur kurz den Mülleimer herausbringt. Auch werden die Sicherheitsvorschriften des § 14 der Allgemeinen Hausratversicherungsbedingungen (VHB 92) je nach Wertigkeit des Haushalts, sprich der Versicherungssumme, mehr oder weniger streng ausgelegt.

Es muss im Einzelfall entschieden werden, ob es sich um ein Augenblicksversagen handelt

Wichtiges beim Vertragsabschluss

Das Ausfüllen des Vertrages für eine Hausratversicherung ist relativ einfach. Dafür brauchen Sie keinen Versicherungsvertreter und keine spezielle Beratung. Die entsprechenden Unterlagen fordern Sie am besten direkt von der Versicherung an und schicken die ausgefüllten Formulare auch an diese zurück. Das Ausfüllen des Antragsformulars der Versicherungsgesellschaft ist gewissenhaft durchzuführen – besonders die Punkte zu möglichen Gefahrenumständen. Unklarheiten wegen Wertsachen oder meist unbewohnten Ferienhäusern besprechen Sie am besten direkt mit der Versicherung.

Man sollte nie langjährige Versicherungsverträge abschließen

Die Laufzeit für die Versicherung sollte ein Jahr betragen. Lassen Sie sich auf keinen Fall zu einer zehnjährigen Laufzeit überreden – auch wenn Rabatte locken.

Beugen Sie den Unklarheiten nach einem Schadensfall vor: Die Versicherungsunternehmen bestehen darauf, dass Sie den Wert ihrer verloren gegangenen Besitztümer nachweisen. Sicher heben Sie nicht alle Rechnungen aus mehreren Jahren oder gar Jahrzehnten auf. Aber wich-

Checkliste für Hausrat-Schäden

- ✔ *Bei Brand, Explosion, Einbruch, Raub, Fahrraddiebstahl die Polizei informieren.*
- ✔ *Erstatten Sie bei Einbruch, Raub, Fahrraddiebstahl Anzeige – sonst braucht die Versicherung nicht zu zahlen.*
- ✔ *Informieren Sie Ihre Versicherung innerhalb von 24 Stunden – zunächst per Telefon, reichen Sie dann ein Fax oder besser einen Brief nach.*
- ✔ *Ergreifen Sie Sicherungsmaßnahmen der Schadensstelle.*
- ✔ *Sichern Sie Beweise beispielsweise per Foto.*
- ✔ *Erstellen Sie eine erste Schadensübersicht.*
- ✔ *Die Versicherung hat das Recht, die Schadensstelle zu besichtigen.*
- ✔ *Die vollständige Liste der beispielsweise bei Raub gestohlenen Gegenstände, versehen mit dem Anschaffungspreis und Anschaffungsjahr, schicken Sie später an die Versicherung. Hintergrund: Sie müssen den Besitz und den Wert der betroffenen Gegenstände nachweisen.*
- ✔ *Machen Sie sich von all Ihren Schreiben Kopien.*
- ✔ *Bewahren Sie zerstörte Sachen eine Weile auf; größere Schäden beseitigen Sie erst nach Absprache mit der Versicherung.*
- ✔ *Warten Sie die schriftliche Deckungszusage ab; fordern Sie eventuell eine Abschlagszahlung.*
- ✔ *Verlangen Sie eine detaillierte Schadensabrechnung und banküblich Zinsen.*

tige Belege sollten Sie sammeln. Eine sichere Methode ist das Fotografieren Ihres Haushaltes – als Gedächtnishilfe. Das gilt besonders für Wertvolles. Hiervon müssen Sie im Schadensfall eine Aufstellung als Beweismittel vorweisen. Fotografieren Sie die Buchrücken im Bücherregal und das Mobiliar, auch geöffnete Schubladen und Schränke.

Fotos oder Kontaktabzüge und Listen sollten sie dann in einem Banksafe, bei Verwandten oder Freunden deponieren.

Das sollte die Familie im Schadensfall tun

- Den Schaden so gering wie möglich halten; z.B. bei Leitungswasserschäden den Haupthahn zudrehen oder gestohlene Kreditkarten sofort sperren lassen.
- Bei Bränden sofort die Feuerwehr alarmieren; bei Einbruch oder Raub die Polizei. Sie verlangt in der Regel eine detaillierte „Stehlgutliste“, an der sich auch die Versicherer orientieren.

Benachrichtigen Sie den Versicherer bei Schaden umgehend

- Benachrichtigen Sie umgehend den Versicherer und unterstützen Sie ihn bei der Feststellung des Schadens und der Ursache. Informieren Sie den Hausratversicherer auch unverzüglich und schriftlich, wenn gestohlene Dinge wieder aufgetaucht sind.
- Zugefrorene Rohre, Heizkörper usw. müssen durch einen Fachmann aufgetaut werden. Durch Sturm oder Hagel entstandene Öffnungen sind zu verschließen.

Damit muss sich der Versicherte abfinden: Die Versicherungsgesellschaften müssen erst den Schaden regulieren, also eine Geldsumme überweisen, wenn sie ihre Leistungspflicht festgestellt haben. Und den Zeitpunkt bestimmen diese selbst. Haben aber die Gesellschaften ihre Ermittlungen abgeschlossen, müssen sie innerhalb von zwei Wochen die schriftliche Deckungszusage, das ist die Information der Versicherung über die Höhe der Summe, absenden und das Geld überweisen.

Doch genau dieses verzögert sich oft. Das müssen Sie sich nicht gefallen lassen. Verlangen sie einen Monat nach Schadensmeldung eine Abschlagszahlung. Bemerken Sie außerdem, dass Ihnen eine banküblich Verzinsung zusteht.

Stimmen Sie keiner Abfindung zu, wenn der Schaden nicht zu Ihrer Zufriedenheit geregelt wurde

Bietet Ihnen Ihre Versicherungsgesellschaft nach Ihrer Meinung eine zu geringe Entschädigungssumme, reklamieren Sie und fordern Sie eine Überprüfung. Denn Sie sollten keiner Abfindungserklärung zustimmen, solange der Schaden nicht zu Ihrer Zufriedenheit geregelt worden ist.

Versicherungen versuchen oft, sich von allen weiteren Forderungen freizusprechen. Der Kunde soll dann unterschreiben, dass mit der Entschädigungszahlung alle Forderungen und weitere Ansprüche abgegolten sind. Doch noch zwei Jahre nach Schadensfall kann der Kunde Ersatz fordern. Denn erst dann setzt die Verjährung von Ansprüchen gegen die Versicherung ein.

Nur selten nötig: zusätzlicher Versicherungsschutz

Der beschriebene Schutz, den eine Hausratversicherung bietet, bezeichnen die Versicherungen als Grundschutz. Doch eine Hausratversicherung lässt sich um den Schutz der Fahrräder, die Versicherung vor Überspannung, um eine Glasversicherung und den Schutz vor Elementarschäden erweitern.

Fahrradzusatzversicherung: kann sinnvoll sein

Noch vor ein paar Jahren deckten die Hausratversicherungen auch den Schaden durch einfachen Fahrraddiebstahl. Der Drahteselklau häufte sich aber, so dass diese Leistung aus dem Programm genommen wurde. Abgedeckt ist in der normalen Hausratversicherung allerdings immer noch der Einbruch/Diebstahl aus einem verschlossenen Haus oder Keller.

Die meisten Versicherer berechnen für die Fahrradzusatzversicherung einen Zuschlag auf die Versicherungssumme. Außerdem bieten einige Versicherer die Möglichkeit, Fahrräder mit einem Pauschalbetrag von 30 bis 60 Mark zu versichern.

Bewahren Sie stets alle Unterlagen zu Ihrem Fahrrad auf

Für diese Beträge sind alle Räder im Haushalt versichert, auch geliehene. Eine Bedingung: Sie müssen mit einem Schloss gesichert sein. Die Versicherer zahlen dann maximal ein Prozent der Hausratversicherungssumme. Das dürfte vielen Fahrrad fahrenden Familien zu wenig sein. Gegen Aufschlag kann auf bis zu vier Prozent der Hausratversicherungssumme erhöht werden. Bewahren Sie die Unterlagen über Kauf, Fabrikat, Marke und Rahmennummer sorgfältig auf; Sie brauchen diese im Schadensfall.

Überspannungsversicherung: überteuert

Ein Blitzeinschlag kann angeschlossene elektrische Geräte durch Überspannung zerstören. Deswegen bieten die Versicherungsunternehmen eine weitere Zusatzversicherung zur Hausratversicherung an: die Versicherung gegen Überspannung im elektrischen Netz. Die Versicherung lohnt nur bei wirklich teuren und großen Hifi- oder Computeranlagen. Das dürfte die wenigsten Privathaushalte betreffen.

Bei der Überspannungsversicherung gelten keine Tarifzonen. Die Zuschläge sind also einheitlich. Bei manchen Versicherungen kostet dieser Schutz zehn bis 40 Pfennig Zuschlag pro 1 000 Mark Versicherungssumme. Andere Versicherer fordern Pauschalbeträge von 30 bis 60 Mark jährlich. Schäden werden bis zu einer Höhe von maximal fünf Prozent der Hausratversicherungssumme bezahlt.

Glaszusatzversicherung: eine unnötige Absicherung

Eine Glasversicherung braucht nur derjenige, den der Bruch einer Glasscheibe in finanzielle Schwierigkeiten bringt: also kaum jemand. Und nur, wer große Fenster oder einen Wintergarten hat, sollte überhaupt über eine Glaszusatzversicherung nachdenken. Die anderen zahlen

Schäden besser gleich aus der eigenen Tasche – auch wenn der Sohnemann und seine Freunde gerne Fußball spielen.

Zudem: Die Prämien sind happig. Mittelgroße Wohnungen mit durchschnittlicher Glasfläche kosten etwa 120 Mark im Jahr, ein kleines Einfamilienhaus mit durchschnittlicher Glasfläche bis zu 200 Mark. Das waren die billigen Angebote – die teuren kosten das Doppelte bis Dreifache.

Familien sollten sich eine Hausratversicherung leisten

Nur die wenigsten Familien können es sich leisten, nach einem Totalschaden alles neu zu kaufen

Für Familien ist eine Hausratversicherung sinnvoll. Nur wer es sich leisten kann, nach einem Totalschaden – beispielsweise nach einem Brand – alles neu zu kaufen, sollte keine abschließen. Durch eine Hausratversicherung sparen Sie zudem eine zusätzliche Reisegepäckversicherung (siehe unten).

Tragen Sie in einer Partnerschaft immer die Namen beider Personen in die Versicherungsunterlagen ein. Denn eine Hausratversicherung wird personenbezogen abgeschlossen. Zieht bei Trennung oder Scheidung der Versicherungsnehmer – derjenige, der in der Police steht – aus der gemeinsamen Wohnung ohne Vertragsänderung aus, so erhält der ehemalige Partner im Schadensfall keinen Pfennig. Bei Trennung besteht der Versicherungsschutz meistens bis zu drei Monate für beide Haushalte weiter, danach nur noch für die Wohnung des eigentlichen Versicherungskunden. Übrigens: Bei einem Umzug stehen Ihr altes und das neue Domizil bis zu zwei Monate unter Versicherungsschutz.

Eine von den Eltern abgeschlossene Versicherung schützt auch erwachsene Kinder während der ersten Ausbildung, der Wehr- und Zivildienstzeit, auch wenn sie nicht mehr zu Hause wohnen. Sie sind dann mitversichert: bis zu zehn Prozent der Versicherungssumme, maximal 20 000 Mark. Gründen sie dann aber einen eigenen Hausstand, fallen sie aus dem Versicherungsschutz heraus. Übrigens: Bei jungen Leuten mit noch wenig Mobiliar ist der Hausrat meist noch nicht so wertvoll, dass sich der Abschluss einer eigenen Hausratversicherung lohnt.

Die Auslandskrankenversicherung – für die schönsten Wochen im Jahr

Wenn einer eine Reise tut ... dann kann er hoffentlich nur Gutes erzählen. Und musste sich nicht im Ausland mit gestohlenem Gepäck oder einer unangenehmen Erkrankung beschäftigen. Um die Folgen solcher Unannehmlichkeiten zu mildern, bietet der Versicherungsmarkt für die schönsten Wochen des Jahres unterschiedliche Versicherungen. Aber nicht alle sind notwendig. Besonders kritisch sollte man so genannte Paket-Versicherungen, bekannt als Rundum-Sorglos-Versicherungen, betrachten.

Viel Schutz für wenig Geld ...

Die wichtigste Reiseversicherung ist die Auslandsreisekrankenversicherung. Sie bietet für wenig Geld umfassenden Schutz im Ausland – im Inland kommt Ihre Krankenkasse für alle Behandlungen auf.

Eine Reisekrankenversicherung übernimmt weltweit alle Kosten für die medizinische Behandlung, Medikamente und Operationen, zahlt den notwendigen Rücktransport nach Hause und die Überführung im Todesfall. Allein der medizinisch notwendige Rücktransport eines Patienten in seine Heimat kann schnell einige zehntausend Mark kosten. Begründet kann ein Rücktransport aber schon sein, wenn notwendige Therapien am Urlaubsort nicht durchführbar sind. Manche Krankenversicherer zahlen sogar, wenn ausschließlich psychosoziale Gründe für den Heimtransport eines Schwerverletzten sprechen. Allerdings springen Auslandskrankenversicherungen nicht ein, wenn Krankheiten absehbar waren, zahlen nicht bei Schwangerschaftsproblemen und Entbindungen.

... besonders wichtig für gesetzlich Krankenversicherte

Besonders für gesetzlich Krankenversicherte ist eine Auslandskrankenversicherung empfehlenswert. Krankenversichert zu sein ist Pflicht in Deutschland. Aber für den Schutz im Ausland, speziell im außereuropäischen, tut sich eine Lücke auf. Zwar hat die Bundesrepublik Deutschland ein so genanntes Sozialversicherungsabkommen mit den EU-Ländern sowie der Schweiz, Türkei und Tunesien abgeschlossen, das den Deutschen ermöglicht, in diesen Ländern die gesetzliche Krankenkasse in Anspruch zu nehmen. Für Reisen in die restlichen Länder der Erde muss man aber selbst für seinen Krankenschutz sorgen, sonst steht man schlicht ohne Krankenversicherung da.

Für die Länder mit Sozialversicherungsabkommen sollte man sich idealerweise vor Reiseantritt einen Auslandskrankenschein besorgen und diesen dem behandelnden Arzt vorlegen. Mit den Finanzen hat man dann theoretisch nichts zu tun. Die Realität sieht aber anders aus: Im Ausland wird man wie ein Privatpatient behandelt. Nur die Krankenhäuser und wenige frei praktizierende Ärzte akzeptieren einen Auslandskrankenschein. In allen anderen Fällen will man vom Kranken oder Unfallopfer Bargeld. Zurück zu Hause werden dann zudem von der gesetzlichen Krankenversicherung nur die im Inland üblichen Sätze erstattet. Ohne eine Zusatzversicherung muss man dann eventuell einen Teil der Kosten aus der eigenen Tasche zahlen.

Privat Versicherte müssen dringend prüfen, ob der Rücktransport in ihrer Versicherung miteingeschlossen ist

Privat Krankenversicherte brauchen sich im Großen und Ganzen nicht um einen Auslandskrankenschutz zu kümmern: Ihr Schutz gilt weltweit. Allerdings ist der medizinisch notwendige Rücktransport nicht immer eingeschlossen – und der ist dabei eine der wichtigsten Versicherungsleistungen überhaupt. Auch aus finanziellen Gründen kann eine zusätzliche Auslandskrankenversicherung sinnvoll sein; denn im Schadensfall lässt sich der vereinbarte Selbstbehalt schonen und die Beitragsrückerstattung retten. Privat versicherte Beamte brauchen einen zusätzlichen Auslands-Krankenschutz auf jeden Fall, weil ihre Beihilfe dafür nicht aufkommt.

Kommen Sie in eine missliche Situation, sollten Sie bei einer umfangreichen und teuren Behandlung sobald wie möglich Kontakt mit der Versicherung aufnehmen. Ins Reisegepäck gehören deswegen die Versicherungsunterlagen mit einer Notrufnummer. Dann können Sie sich über die Modalitäten einigen. Bei Zahlungsschwierigkeiten helfen auch die deutschen Konsulate. Bei ambulanter Behandlung oder einer Medikamentenverschreibung zahlen Sie aus eigener Tasche und reichen zu Hause die detaillierten Abrechnungen der Versicherung mit den Details wie Patientenname, Datum der Behandlung, Unterschrift des Arztes, die Diagnose und die Kosten ein.

Diese Leistungen können Sie erwarten

Trotz sehr unterschiedlicher Preise bieten die Versicherungsgesellschaften bei Auslandskrankenversicherungen ähnliche Leistungen:

- *freie Arzt- und Krankenhauswahl;*
- *übernommen werden die Kosten für ambulante und stationäre Behandlungen, Operationen, Medikamente, Verband- und Heilmittel, Rücktransport, Überführungskosten bei Tod, Bestattungskosten im Ausland, Transport zum nächsten Krankenhaus oder Notarzt durch Rettungsdienste.*

Für den normalen Touristen sind Jahresverträge sinnvoll, die sich, wenn sie nicht gekündigt werden, jährlich verlängern. Kurzzeitverträge sind dagegen nur dann sinnvoll, wenn Sie nur einmal jährlich für wenige Wochen ins Ausland fahren.

Beim Jahresvertrag sind dagegen alle Auslandsreisen versichert. Allerdings darf die einzelne Reise meist nicht länger als 42 Tage dauern, bei manchen Versicherern auch bis zu 62 Tage. Im Vertrag sollte auch geregelt sein, dass alle Kosten der medizinischen Versorgung übernommen werden – und das ohne Selbstbeteiligung.

Nicht nur die Leistungen sind bei den Auslandsreiseversicherern ziemlich gleich, auch die Prämien liegen in etwa ähnlich. Die Preise für Einzelpersonen liegen zwischen zehn und 20 Mark. Familienpolicen kosten etwa 30 Mark.

Übrigens: Viele Versicherungsgesellschaften versichern nur bis zu einem bestimmten Lebensalter, meist 69 oder 74 Jahre. Andere verlangen für Senioren höhere Prämien. Aber es gibt auch Versicherer, die die Preise für Alt und Jung gleich hoch ansetzen.

Die Autoversicherung

Die erste und wichtigste Regel bei der Wahl der richtigen Autoversicherung lautet: Die billigste ist die beste. Obwohl in Deutschland rund 120 Anbieter um die Gunst ihrer Kunden werben, kann zumindest in der Autohaftpflicht keiner mehr bieten als der andere. Die Leistungen sind normiert und die Bedingungen branchenweit dieselben – von unwesentlichen Abweichungen abgesehen. Die günstigsten Angebote kommen in der Regel von Direktversicherern. Das sind Gesellschaften, die kein teures Vertreterheer beschäftigen und keine Zweigstellen besitzen. Sie beraten ihre Kunden per Post oder am Telefon. Für den Kunden schlägt sich dieser Kostenvorteil in den Prämien positiv nieder.

Weiter gilt: Wenn ein Versicherer günstige Haftpflichtversicherungsverträge anbietet, so gilt dies meist auch für die Teilkaskopolice. Der Kunde sollte aber immer mehrere Offerten einholen, weil der erste Tabellenplatz nicht bedeuten muss, dass das entsprechende Unter-

> ***Leistung:*** *Eine Haftpflichtversicherung für alle Halter von Kraftfahrzeugen (vom Mofa bis zum Lkw) ist Pflicht! Vergleichen Sie die Angebote: Beitrags-Unterschiede bis zu 40 Prozent. Teilkaskoversicherung: Hier sollten Sie eine Selbstbeteiligung von 300 Mark pro Schaden vereinbaren, sonst zahlen Sie das 3-fache der Prämien! Vollkaskoversicherung: Lohnt sich meist nur bei Neufahrzeugen.*
>
> ***Kasko-Tipp:*** *Diverse Sparmöglichkeiten! Viele Versicherungen gewähren Rabatte, wenn man z.B. eine Garage hat, den Wagen stets selbst fährt etc.*
>
> ***Insassenunfallversicherung:*** *Überflüssig und teuer. Wenn Insassen Ansprüche gegen den Fahrer haben, zahlt die Haftpflichtversicherung. Der Fahrzeughalter und seine Familie sind mit einer normalen Unfallversicherung abgesichert.*
>
> ***Fazit:*** *Haftpflicht ist Pflicht, Kasko abwägen.*

nehmen für jedes Auto die billigste Police anbietet. Wer Angebote anfordert, sollte nach Policen mit Selbstbeteiligung fragen. Damit kann der Versicherte oft mehrere hundert Mark im Jahr sparen.

Mit der richtigen Wahl können Familien viel Geld sparen

Fakt ist, dass vor allem Fahranfänger bei den neuen Kfz-Haftpflicht-Tarifen schlechte Karten haben, denn die bisherige Grenze von 175 Prozent beim Start der Autofahrerkarriere beträgt nunmehr bis zu 260 Prozent. Ausnahmen bestätigen aber auch hier die Regel; viele verlangen weiterhin nur 175 Prozent vom Fahrzeug-Neuling (z.B. Transtelcon-Versicherung, Hamburg). Nach einem Jahr wird der unfallfreie Anfänger dann aber schlagartig in der 100-Prozent-Klasse eingestuft. Für einen Opel Corsa mit 60 PS beträgt die Prämie damit im ersten Jahr in der höchsten Versicherungsklasse rund 3 300 Mark.

Hotline-Nummern der günstigsten Auto-Versicherer (Stand 9.99)

Auto Direkt: 0 61 71-69 13 00
Axa Direkt: 01 80-3 32 03 38
Cosmos Direkt: 06 81-9 66 66 66
Delfin Direkt: 01 80-3 33 37 00
Deutsche Allgemeine: 01 80-3 24 24 24
Europa: 02 21-5 73 72 00
HUK Coburg: 0 69-66 55 55
Ontos: 02 21-4 67 12 00
Quelle: 01 80-3 22 32 42
Sun Direct: 01 80-5 50 54
Tellit Direct: 0 22 04-29 81 00

Auch die Anmeldung als Zweit-Fahrzeug mit 125 Prozent über das Elternhaus bietet hier einen Ausweg aus den Tarifregelungen, der aber durch die Übernahme des Schadenfreiheitsrabattes eingeschränkt wird. Nur noch Verwandte in gerader Linie können von diesem günstigen Übernahmemodus profitieren und viel Geld sparen. Waisen oder Kinder, deren Eltern keinen Pkw angemeldet haben, gehen bei diesem Modell leer aus.

Rabatte bis zu 50 Prozent

Versicherungen bieten eine Vielzahl von Rabatten an:

- Spezial-Tarife: Für Garagenbesitzer (bis zu zehn Prozent Rabatt), Single-Fahrer (bis zu zehn Prozent) oder Frauen (bis zu 20 Prozent) gibt es erhebliche Prämien-Vergünstigungen. Wer z.B. wenig fährt (unter 10 000 Kilometer = fünf bis zehn Prozent), immer selbst am Steuer sitzt und nur in der sicheren Garage parkt, kann am Ende sogar mit 50 Prozent rechnen (z.B. Bayerische Versicherungsbank, Frankfurter, Iduna Nova, Allianz, Tel.: 01 30/23 02). Allerdings müssen die Vertragsbestimmungen unbedingt eingehalten werden. So darf z.B. beim Alleinfahrer-Tarif auch der Ehepartner nicht ans Steuer – sonst drohen drastische Prämien-Nachforderungen.

- Behinderte erhalten einen Nachlass zwischen 12,5 und 25 Prozent (z.B. Amazon, Basler, Itzehoer Versicherungen). Treue Kunden: Fünf oder zehn Prozent erhalten diejenigen, die noch weitere Verträge bei der Versicherung abgeschlossen haben (z.B. Alte Leipziger, DBV-Winterthur, Deutscher Ring). Fünf bis zehn Prozent erhalten erfahrene Autofahrer, die zehn Jahre unfallfrei gefahren sind (beispielsweise Allianz, Allstate, HDI).
- Wer ein Öko-Auto mit einem Spritverbrauch von maximal fünf Litern auf 100 Kilometer fährt, erhält bei Ontos fünf Prozent in Haftpflicht und Kasko. Bei BBV (fünf Prozent) und Rheinland (25 Prozent) fährt billiger, wer Bahncard oder Jahresticket für den öffentlichen Nahverkehr hat.
- Formel-S-Fahrschule: Deutlich billiger wird es auch für alle Führerschein-Neulinge, die ihren Führerschein in einer Formel-S-Fahrschule machen (z.B. nur 100 Prozent Prämie bei Rheinland-Versicherung, Tel.: 0 21 31/29 00), Mopedfahrer (mindestens ein Jahr Fahrpraxis) oder Teilnehmer an einem TÜV-Verkehrs-Sicherheitstraining (Einstieg bei HUK Coburg, Tel.: 0 69/66 55 55) mit nur 130 Prozent.
- Der richtige Wohnort: Deutschland wird von den Versicherungen in unterschiedlich teure Regional-Klassen aufgeteilt. So mancher Autofahrer meldet von daher seinen Erstwohnsitz bei der Großmutter oder Tante auf dem Land an und zahlt auf diese Weise weniger.

Deutschland ist in unterschiedlich teure Regionalklassen aufgeteilt

Ein weiterer Aspekt bei Rabatten der Versicherer darf nicht aus den Augen gelassen werden, denn die Auflagen der Unternehmen bei diesen Preisnachlässen sind streng. So darf beim Lady-Tarif auch wirklich

Vorsicht vor dem Nachlass-Trick

Autoversicherungen sind auf dem europäischen Markt keine Standardprodukte mehr. Seit der Freigabe dieses Bereiches locken die Assekuranzen ihre Kunden mit allerlei Rabatten. Doch bei genauem Hinsehen entpuppen sich die meisten Öko-, Lady-, Alte-Hasen- und sonstigen Nachlässe als reine Augenwischerei. Oft sind die Beiträge trotz mehrerer Rabatte höher als der „normale" Tarif eines günstigen Versicherers. Lassen Sie sich von daher von mindestens drei Versicherungen den tatsächlichen Beitrag (in D-Mark, nicht in Prozent) für Ihr neues Auto ausrechnen. Nur so sehen Sie, was Sie wirklich sparen.

nur die gemeldete Fahrerin das Auto lenken. Die Frage an den Ehemann „Fährst du?“ muss hier in Zukunft entfallen. Denn die Gesellschaften lassen es nur in „Notsituationen“ zu, dass jemand anderes ans Steuer darf. Es gibt sogar Versicherungen, die dafür ein ärztliches Attest verlangen.

Rabatte verpflichten

Etwas weniger streng sind die Gesellschaften beim Nachlass für Garagenparker. Es heißt, dass das Auto „in der Regel“ über Nacht in der Garage zu stehen hat. Ausnahmsweise darf der Wagen aber auch im Freien übernachten. Ärger dürfte dagegen drohen, wenn der Fahrzeughalter über gar keine Garage verfügt. Das legen die Versicherungsgesellschaften dann als Betrug aus.

Beim Rabatt für Wenigfahrer tolerieren sie dagegen kleine Überschreitungen. Dazu fragen sie die Versicherten nach ihrer Fahrleistung ab. Wer dann nach mehrfacher Aufforderung nicht antwortet, wird automatisch in die höchste Kilometerklasse eingestuft.

Was bei Schutzbriefen inbegriffen ist

Schutzbrief-Standards

bei Diebstahl und Totalschaden:
Übernachtung, öffentliche Verkehrsmittel, Unterstellung, Mietwagen, Erstattung der Zollgebühren, Verschrottung

bei Panne und Unfall:
Pannenhilfe: Kostenerstattung bis 200 Mark, Abschleppen – Erstattung bis 300 Mark, volle Übernahme der Kosten bei Bergung, Übernachtungen – maximal drei Nächte bis 100 Mark oder Kostenerstattung der Bahnfahrt der zweiten Klasse, Ersatzteilversand – Versandkosten werden übernommen – Kosten für Ersatzteile selbst nicht

Fahrzeugrückholung: Transport des Fahrzeugs zum Wohn- oder Zielort, Kostenerstattung für Unterstellung bis zur Instandsetzung oder bis zum Rücktransport bis maximal drei Wochen

bei Fahrerausfall:
Übernachtung wie oben, Fahrzeugrückholung: wenn der Fahrer länger als drei Tage ausfällt, bis zu 50 Pfennig pro Kilometer zwischen Wohnung und Schadensort für Ersatzfahrten

sonstige Beistandsleistungen:
Ersatz von Reisedokumenten, von Zahlungsmitteln im Ausland, Vermittlung von Ärzten, Herstellung des Kontakts zum Hausarzt, Arzneimittelversand, Reiserückrufservice über Rundfunk, Hilfe und Organisation bei einem Todesfall

Prüfen Sie die Leistungspalette genau

- Mallorca-Police: deckt die Haftpflichtversicherung auch für Mietwagen im Ausland ab (Adler, Allianz, Barmenia).
- Neuwagenerstattung: Einige Gesellschaften erstatten Ersthaltern nagelneuer Autos in der Kasko noch einige Zeit nach Erstzulassung bei Totalschäden oder Diebstahl den Neupreis (Gothaer – drei Monate, Albingia – sechs Monate, Amazon – ein Jahr).
- Schutzbrief: Der Haftpflicht- oder Vollkaskovertrag enthält innerhalb des Tarifs einen Auto-Schutzbrief (Adler, Axa Direct, Basler, Vödag).
- Kein Diebstahlschutz: Einige Versicherungen kommen in der Kaskoversicherung nicht mehr für Autos (oder nur sehr wertvolle Wagen) auf, die in Osteuropa gestohlen werden (BBV, Debeka).

Regeln für den Schadensfall

Ihre Checkliste für den Schadensfall

Passiert ist es schnell – und in der Hektik nach einem Unfall kann falsches Verhalten noch mehr Schaden anrichten. Daher einige Regeln:

- Notizen: Name und Anschrift der Gegenseite und von Zeugen einholen. Für Unfallopfer zudem wichtig: Name der Versicherung und Nummer des Versicherungsscheins, weil das Unternehmen schnell benachrichtigt werden muss.
- Schuld: Diese Frage sollte außen vor bleiben, deshalb keinerlei Schuldanerkenntnis unterschreiben.
- Anwalt: Das Unfallopfer braucht sich nicht zu scheuen, Rechtsbeistand zu suchen, denn die Versicherung des Gegners muss zahlen.
- Ersatzwagen: Nicht den Erstbesten für die Zeit der Reparatur nehmen. Besser ist es, drei Angebote für eine niedrigere Fahrzeugklasse einzuholen, die günstigste Offerte zu wählen und den Versicherer der Gegenseite zu fragen, ob die Kosten übernommen werden. Dann darf das Unfallopfer sicher sein, dass die Rechnung komplett gezahlt wird.
- Dabei gilt: Ein Auto-Haftpflichtversicherer darf Unfallgeschädigte nicht vor angeblich teuren Mietwagenunternehmen warnen, um sie zur Rückgabe eines gemieteten Unfallersatzwagens zu veranlassen (BGH, Az. VI ZR 357/97).
- Rabatt: Ist der Schaden vom Haftpflichtversicherer bezahlt, kann sich der schuldige Autofahrer immer noch überlegen, für die ent-

standenen Kosten selbst aufzukommen. Das macht dann Sinn, wenn die künftige Prämienersparnis durch ein Beibehalten des alten Schadenfreiheitsrabattes größer ist. Um sich das ausrechnen zu lassen, genügt ein Anruf bei der Gesellschaft.

- Unter der bundesweiten Rufnummer 01 80-2 50 26 ist ab sofort der Zentralruf der Autoversicherer Tag und Nacht zu erreichen. Bei ihm können Autofahrer nach einem Unfall den Versicherer des Schädigers erfragen. Sie brauchen nur seinen Namen und sein polizeiliches Kennzeichen. Die Kosten: eine Gebühreneinheit unabhängig von der Gesprächsdauer.

Das Grüne-Karte-Büro hilft

- Das Deutsche Grüne-Karte-Büro hilft ab sofort Autofahrern bei Unfällen im Ausland. Der Service unterstützt etwa den Fahrer, den zuständigen Haftpflichtversicherer oder die Anschrift des Unfallverursachers zu ermitteln. Bisher war das Grüne-Karte-Büro nur für Unfälle im Inland zuständig, wenn sie durch einen ausländischen Kraftfahrer verursacht wurden. Bei solchen Unfällen sorgt das Grüne-Karte-Büro (Glockengießerwall 1, 20095 Hamburg) für die gesamte Abwicklung des Schadens. Der Auslands-Service gilt für deutsche Autofahrer in allen europäischen Staaten mit Ausnahme von Frankreich, Österreich und Norwegen.

Wenn bei einem Verkehrsunfall ein Kfz beschädigt wird, hat der Geschädigte zwei Möglichkeiten: Er kann das Fahrzeug reparieren lassen und es behalten, er kann aber auch ein neues Kraftfahrzeug beschaffen und vom Schädiger den dafür nötigen Betrag abzüglich des Restwerts verlangen (BGH, Az. VI ZR 181/92). Der Geschädigte darf die Veräußerung seines beschädigten Kraftfahrzeuges grundsätzlich zu dem Preis vornehmen, den ein von ihm eingeschalteter Sachverständiger als Wert auf dem allgemeinen Markt ermittelt hat. Auf höhere Ankaufspreise spezieller Restwertaufkäufer braucht er sich in der Regel nicht verweisen zu lassen.

Bei Gutachten müssen Sie keine Vergleichsangebote einholen

Auch verstößt ein Geschädigter nach einem Unfall nicht gegen die Schadensminderungspflicht, wenn er einen Sachverständigen mit der Erstellung eines Schadensgutachtens beauftragt, ohne Vergleichsangebote anderer Gutachter eingeholt zu haben. Der Grund: Tabellen über Sachverständigenkosten sind nicht verbindlich (AG Koblenz, DAR 98, 396).

Das Recht auf einen Mietwagen

Bei einer Schadensregulierung gibt es immer wieder Streit mit der gegnerischen Versicherung, welche Positionen in welcher Höhe geltend gemacht werden können. Dazu hat das Amtsgericht Freiburg (Az. 4 C 258/93) festgestellt: Nach § 249 Satz 2 BGB kann grundsätzlich derjenige, dessen Auto bei einem Verkehrsunfall beschädigt wird und der es deshalb nicht nutzen kann, einen Mietwagen nehmen und die dafür erforderlichen Kosten geltend machen. Denn Mietwagenkosten sind Herstellungskosten gemäß § 249 Satz 2 BGB – zur Herstellung der entgangenen Nutzungsmöglichkeiten.

Wenn Ihr Auto bei einem Unfall beschädigt wurde, haben Sie Anspruch auf einen Mietwagen

Dem steht auch nicht entgegen, dass der Geschädigte nur wenige Kilometer mit dem gemieteten Pkw gefahren ist und somit die Fahrt mit einem Taxi unter Umständen kostengünstiger gewesen wäre. Denn zur Nutzungsmöglichkeit gehört entscheidend die ständige Gebrauchsbereitschaft, die aber nur ein Ersatzfahrzeug bietet. Dieser Aspekt der Unwirtschaftlichkeit ist nur dann von Bedeutung, wenn dieser Sachverhalt bereits bei der Anmietung des Pkw abzusehen war. Die Inanspruchnahme eines Mietwagens kann auch dadurch nicht ausgeschlossen werden, dass die Mietkosten den Wert des Unfallfahrzeuges um etwa das Doppelte überschreiten. Denn Wiederbeschaffungswert und Mietwagenkosten dürfen nicht in Relation gesetzt werden.

Entscheidend sind immer die Kosten, die ein wirtschaftlich denkender Mensch in der Situation des Geschädigten für erforderlich halten darf. Es kommt auch nicht auf die Empfehlungen des HUK-Verbandes in Bezug auf die Höhe der Mietwagenkosten an. Denn diese Empfehlungen haben weder für Autovermieter noch für den Automieter irgendeine rechtliche Verbindlichkeit.

Geld sparen bei der Kfz-Versicherung

Man begegnet ihr häufig – im Fernsehen und in Zeitschriften: der Werbung der Autoversicherer. Besonders die Direktversicherungen versuchen mit Werbekampagnen auf sich aufmerksam zu machen. Das muss für Autofahrer nicht schlecht sein. Prüfen Sie die Angebote und nutzen Sie die preisgünstigen. Denn bei den Kfz-Versicherungen lässt sich manche Mark sparen.

Begreifen Sie die Werbekampagnen der Autoversicherer als Informationsquelle

Je geringer die Typenklasse, desto billiger die Versicherung

Zudem muss in Familien häufig ein Zweitwagen versichert werden. Dazu kann man auf dem Markt zwischen 9 000 Automodellen wählen. Gewöhnlich spielen bei der Auswahl der Preis, die Motorleistung, der Fahrkomfort, der Spritverbrauch, die Größe des Kofferraumes, Optik und Image eine Rolle. Unüblich – aber ebenso sinnvoll – ist der Blick auf die zu erwartende Versicherungsprämie. Denn dabei lässt sich einiges sparen: Bei vergleichbaren Minicars errechnete die Stiftung Warentest bei Haftpflicht (knapp 300), bei Teilkaskoversicherung (knapp 100 Mark) und bei Vollkaskoversicherung über 1 000 Mark Ersparnis im Jahr. Bei vergleichbaren Kleinwagen kommt man so zusammen auf 500 Mark Ersparnis, in der Mittelklasse auf 300 Mark weniger im Jahr. Prinzipiell gehören die deutschen Modelle in puncto Versicherungsprämie zu den eher preiswerten Modellen, so die Warentester.

Die Haftpflichtversicherung unterscheidet seit 1996 nach Typenklassen. Seitdem gibt es 16 Typenklassen auf einer Skala von zehn bis 25. Typklasse 25 ist die teuerste. Der Tarif basiert auf den Unfalldaten der in Deutschland zugelassenen Pkw von drei Jahren. Dies wird jährlich neu überprüft. Dabei wirkt sich vor allem die Häufigkeit der Schadensfälle aus, weniger die Höhe der einzelnen Schäden. Je weniger Unfälle mit einem Modell verursacht werden, desto besser ist das entsprechende Modell eingestuft. Und je geringer die Typenklasse, desto billiger kommt den Fahrzeughalter die Versicherung.

Mit der Wahl der Automarke und des Modells entscheidet der Versicherungskunde, wie stark die Prämie die Familienkasse belastet. Denn für die Versicherungsgesellschaften hängen Höhe und Häufigkeit der Schäden hauptsächlich mit dem Fahrzeugtyp zusammen. Deswegen sollte man diejenigen Wagen wählen, die durch eine günstige Schadensentwicklung auffallen. Prinzipiell gilt: Alte Autos, Diesel und Geländewagen sind teuer.

Alte Autos, Diesel-Fahrzeuge und Geländewagen sind teuer

Zweitwagen werden günstiger eingestuft; in der Haftpflicht meist 120 oder 125 Prozent, nur selten 100 Prozent, bei Vollkasko mit 115 Prozent. Es gibt auch Versicherer, die Rabatte für Zweitwagen bieten.

Die günstigere Einstufung gilt auch für Fahranfänger, also für den nun erwachsenen Nachwuchs. Im Vergleich zur sonst für Einsteiger üblichen Schadensfreiheitsklasse mit 240 Prozent bei der Haftpflicht und 190 Prozent für die Vollkasko macht sich das stark im Familienbudget bemerkbar.

Allerdings verändern aktuell viele Autoversicherer die Schadenfreiheitsklassen (SF-Klassen) in der Haftpflicht. Dadurch wird es für

Familien teurer. Denn der Beitragssatz der SF-Klasse 1/2, das ist die Eingangsstufe für Fahrer und für Zweitwagen, steigt auf 140 Prozent.

Zukunftsmusik: Grund- und Unfallkasko

Zukunftsmusik ist die Umgestaltung der Kaskoversicherung. Statt Teil- und Vollkaskoversicherung wird es dann Grund- und Unfallkasko geben.

Diese beiden Kaskoarten kann der Versicherungskunde dann einzeln oder zusammen kaufen. Wer den bisherigen Vollkaskoschutz will, der muss beide Bausteine erstehen. Der Gesamtverband der Versicherungswirtschaft plant, im Grundkasko die Risiken Glasschäden, Diebstahl des Fahrzeugs und von Fahrzeugteilen, Sturm, Hagel, Erdbeben, Hochwasser, Brand, Explosion, Schmorschäden zu versichern. Im Baustein Unfallkasko kommt die Versicherungsgesellschaft dann für Kollisionsschäden und Vandalismus auf.

Bitte beachten Sie:

- *Abgesichert mit der Kraftfahrzeughaftpflicht sind Personen- und Sachschäden, die anderen durch den Betrieb Ihres Fahrzeuges entstanden sind. Alle Schadenersatzansprüche müssen hierbei an den Halter, den Eigentümer, den Fahrer oder an den Beifahrer gestellt werden. Wer den richtigen Wohnort wählt (unterschiedlich teure Regionalklassen), kann durch eine Meldung seines Erstwohnsitzes bei der Großmutter oder der Tante auf dem Land viel Geld sparen.*
- *Ereignet sich ein Unfall auf einer beruflichen Fahrt, für die man mit Wissen des Chefs oder auf dessen Wunsch hin das eigene Fahrzeug benutzte, muss der Chef die Kosten voll übernehmen (Grundsatzurteil des Bundesarbeitsgerichtes, Az. AZR 480/95).*
- *Setzen Sie alle Kosten eines Unfalls (u.a. auch Gutachter, Anwalt, die Fahrt zu diesen Personen, Wertminderung Ihres Fahrzeuges) im Falle einer Fahrt zu Ihrer Arbeitsstätte voll als Werbungskosten von der Steuer ab. Dies gilt auch bei einer Fahrt auf dem Weg zur betrieblichen Weihnachtsfeier.*

Spezial: Welche Versicherungen brauchen Familien für Sport und Freizeit?

Empfehlenswert für den Freizeitbereich ist eine Privathaftpflicht. Wie oben dargestellt, ist diese ohnehin für jede Familie dringend notwendig. Sie hilft auch in den Fällen, bei denen der Versicherte aus Gefälligkeit hilft. Rutscht dem Umzugshelfer etwa der teure Fernseher aus der Hand, kann auch eine Freundschaft in die Brüche gehen. Eine Haftpflicht deckt auch im Sportbereich einiges ab. Denn: Wer beim Sport jemanden verletzt, dem können schnell enorme Schadenersatzforderungen ins Haus stehen. Der Schutz umfasst auch „normale" sportliche Aktivitäten wie Ballspiele oder Schwimmen. Hier ist ein Blick in den Versicherungsvertrag sinnvoll, versichern doch einige Gesellschaften beispielsweise nicht das Radfahren.

Zur Absicherung der finanziellen Risiken sind deswegen Spezial-Haftpflichtversicherungen sinnvoll. Beim Wassersport steht die private Haftpflicht zwar bei selbst verursachten Schäden mit verschiedenen Sportgeräten ein: bei eigenem und geliehenem Kanu, Ruder- und Paddelboot und Wasserski, bei gemietetem und geliehenem Surfbrett und Segelboot. Doch bei eigenem Surfbrett und Segel- und Motorboot ist eine Wassersporthaftpflichtversicherung empfehlenswert. Die Deckungssumme sollte drei Millionen für Personen- und eine Million Mark für Sachschäden betragen. Bitte beachten: Die Versicherung zahlt nur, wenn der Bootsführer einen vorgeschriebenen Führerschein hat.

Auch eine Unfallversicherung deckt die Folgen üblicher Sportarten. Doch beispielsweise werden Segel- und Drachenflieger, Boxer und Fechter von keiner Unfallversicherung akzeptiert. Das Verleugnen des gefährlichen Hobbys hilft hier nicht weiter. Denn die Versicherung zahlt nur bei wahrheitsgemäßen Angaben. Oft können Sie mit einem Zuschlag den Schutz ausdehnen.

Für übliche Sportarten und Hobbys brauchen Familien keinen zusätzlichen Versicherungsschutz

Wenn Sie statt ausgefallener Sportgeräte einfach nur Ihr Fahrrad lieben und es versichern wollen, können Sie dies über Ihre Hausratversicherung tun. Noch vor ein paar Jahren deckten die Hausratversicherungen auch den Schaden durch einfachen Fahrraddiebstahl. Der Drahteselklau häufte sich, so dass diese Leistung aus dem Programm genommen wurde. Deswegen berechnen die meisten Versicherer einen

Zuschlag auf die Versicherungssumme. Diese Zusatzversicherung ist für teure Bikes sicher empfehlenswert. Üblich und ausreichend sind ein Prozent der Versicherungssumme des Haushaltes. (Bei mehreren teuren Rädern sollte man eventuell die Versicherungssumme erhöhen.) Nur wenige Versicherer bieten einen sinnvolleren Pauschalbetrag von 30 bis 60 Mark an.

Viele Versicherungsangebote für Sportler sind überflüssig

Skifahrer leben gefährlich. 70 000 Deutsche verletzen sich jedes Jahr auf der Piste. Deswegen ist eine zusätzliche Auslandsreisekrankenversicherung wichtig für gesetzlich Krankenversicherte. Doch, Vorsicht vor speziellen Skiversicherungen, die nur in den wenigen Tagen des Urlaubes gelten! Denn meist handelt es sich um Versicherungsschutz, den Sie sowieso schon haben und der weltweit, also auch in Ihrem Skigebiet, gilt.

Zelten Sie mit Ihren Kindern ab und zu? Auch dann sind selbst verursachte Schäden über die Haftpflicht, die Ausrüstung über die Hausratversicherung abgesichert. Nur Dauercamper und Besitzer von Wohnwagen oder Wohnmobilen sollten eventuell eine spezielle Campingversicherung abschließen, die allerdings mit vielen Einschränkungen verbunden ist. So gilt sie beispielsweise nur auf behördlich zugelassenen Campingplätzen. Und für das Winterlager muss die Ausrüstung in gut verschlossenen Räumen und der Wohnwagen auf einem allseitig umzäunten Gelände untergebracht sein.

Grundsätzlich ist eine Campingversicherung ausschließlich für Camper mit festen Standplätzen geeignet. Der Wohnwagen ist geschützt, wenn er nicht auf der Straße fährt und nicht überführt wird, beispielsweise ins Winterlager. Dann ist er versichert gegen Diebstahl, Raub, Vandalismus, Glasbruch, Naturgewalten, teilweise auch bei Überschwemmungen. Das gesamte Wohnwagenzubehör ist aber nicht abgedeckt. Hier sind allerdings Zusatzvereinbarungen möglich. Doch zahlen die Versicherer nie beim Verlust von Fahrrädern, Fotoausrüstungen oder Unterhaltungselektronik.

Für Musiker ist ein Gruppenvertrag über den Musikverein empfehlenswert

Zum Versichern eines neuen Wohnwagens sollten Sie die Versicherungssumme am Kaufpreis anlehnen. Nach fünf Jahren allerdings muss die Summe dann nach unten korrigiert werden. Den Zeitwert Ihres gebrauchten Wohnwagens ermitteln Sie anhand der Schwacke-Liste.

Musikalisch Interessierte mit wertvollen Musikinstrumenten können eine (teure) Musikinstrumentenversicherung abschließen. Das ist aber sicher nur in Einzelfällen lohnenswert. Sinnvoller ist meist ein kostengünstiger Gruppenvertrag über den Musikverein.

Der Gesetzgeber honoriert ehrenamtliche Tätigkeiten, indem die Helfer den Schutz der gesetzlichen Unfallversicherung genießen. Wenn etwas passiert, zahlt die Berufsgenossenschaft als Trägerin die Kosten der Heilbehandlung und auch eine Rente, wenn die Unfallfolgen die Erwerbsfähigkeit mindern. Ein ausreichender Schutz kann das aber nicht sein. Hier ist eine private Ergänzung dringend notwendig.

Ein Blick in die Geschäftsbedingungen Ihrer privaten Versicherungen ist wichtig. Klärt er doch darüber auf, was beispielsweise alles in der privaten Haftpflicht eingeschlossen ist. Oder nicht: Beispielsweise verantwortliche Tätigkeiten in einem Verein. Hier sollte man dann eine Gruppenhaftpflichtversicherung des Vereines abschließen. Das gilt übrigens für alle Initiativen und Gruppen.

Prinzipiell notwendig bei ehrenamtlichen Tätigkeiten: private Vorsorge

In den Vereinen des Deutschen Sportbundes wiederum sind Sportler und Ehrenamtliche versichert. Sportunfall- und Sporthaftpflichtversicherung sind obligatorisch. Grundsätzlich gilt auch hier: Die Versicherung des Vereins oder des Verbandes ist nur die Ergänzung zum privaten Versicherungsschutz.

Schutz vor unseriösen Vertragsabschlüssen

Im Schadensfall oder zur Vertragskündigung müssen Sie aktiv werden. Hier erfahren Sie, was Sie tun müssen, um im Fall der Fälle Ihr Geld zu bekommen oder aus ungünstigen Verträgen aussteigen zu können.

Hilfe durch das Bundesaufsichtsamt

Rundum versichert und im Schadensfall dennoch allein? Immer mehr Deutsche machen ihrem Unmut über teure Prämienzuschläge, neue Tarife oder schleppende Schadensregulierungen bei der staatlichen Aufsichtsbehörde Luft – 27 000 Mal; und jede dritte Beschwerde hatte Erfolg. Will zum Beispiel der Hausratversicherer einen Wasserschaden – verursacht durch eine defekte Waschmaschine im darüber liegenden Stock – auf die Haftpflicht des Nachbarn abwälzen, bestehen gute Chancen, dass das BAV den Versicherer zur Räson bringt.

Eine Anfrage beim Bundesaufsichtsamt hilft bei Problemen

Zwar kann es keine rechtsgültige Entscheidung treffen (das obliegt allein dem Gericht), aber es prüft den Ablehnungsbescheid kompetent auf Rechtsverstöße oder Vertragsbrüche. Bevor man die Aufsichtsbehörde einschaltet, sollte man allerdings Versicherungsvertrag und Verbraucherinformationen gründlich studieren. Bringt dies dann keine Klarheit, schildert man dem BAV in einem möglichst kurzen und präzisen Brief den Schadensfall und bittet ausdrücklich um Prüfung der Angelegenheit. In den meisten Fällen lenken dann die Versicherer aus Kulanz ein, um weiterem Streit aus dem Weg zu gehen.

Allerdings darf auch hierbei nicht vergessen werden: Vereinbarte Fristen laufen während der Bearbeitungszeit, die rund acht Wochen beträgt, weiter. Deshalb sollte am besten vorsorglich eine Verlängerung beantragt werden. Weiterer Vorteil des BAV: die Veröffentlichung einer Beschwerdeliste (Statistik) – aufgeschlüsselt nach Versicherungszweigen, den Gründen und dem Ergebnis der Klagen –, zu der das BAV vom Oberverwaltungsgericht Berlin (Az. OVG 8 B 16.94) verpflichtet ist.

Achten Sie auf das klein Gedruckte

Wer schon einmal eine Versicherung abgeschlossen hat, der kennt die endlosen Buchstabenwüsten auf der Rückseite dieser Formulare. Jeder weiß: Das sind die Allgemeinen Geschäftsbedingungen (AGB). Das Problematische an AGB ist natürlich, dass sie einseitig vom Anbieter entworfen werden. Doch: Nur was vor dem AGB-Gesetz Bestand hat, wird am Ende auch wirksam.

Eine Allgemeine Geschäftsbedingung im Sinne des AGB-Gesetzes ist ganz allgemein eine vorformulierte Vertragsklausel, die dazu

Das AGB-Gesetz ist die Grundlage der Allgemeinen Geschäftsbedingungen

bestimmt ist, in eine Vielzahl von Verträgen aufgenommen zu werden. Sie ist vorformuliert, das heißt, sie steht schon lange vor einer Unterschrift auf dem Vertragsformular. Die Klausel soll nach der Vorstellung des Verwenders in mindestens zwei Verträgen verwendet werden. Das heißt, schon wenn eine Klausel nicht nur einmalig verwendet werden soll, handelt es sich um eine Allgemeine Geschäftsbedingung im Sinne des AGB-Gesetzes.

Um mit ein paar häufigen Irrtümern aufzuräumen; es kommt überhaupt nicht darauf an, ob eine AGB mit einer Schreibmaschine, einem Schreibcomputer oder einer Druckerpresse auf das Papier gebracht wurde. Auch wenn der Händler sie jedesmal per Hand abschreibt; es bleibt eine AGB. Sie können groß oder klein gedruckt sein, bunt oder schwarz-weiß gefärbt werden – solange sie lesbar sind, handelt es sich um eine AGB im Sinne des Gesetzes. Es ist sogar unwichtig, ob eine Klausel tatsächlich öfter verwendet wird. Entscheidend ist nur die Absicht desjenigen, der die AGB verwenden möchte. Schon wenn er sie zum ersten Mal verwendet, handelt es sich um eine AGB im Sinne des Gesetzes.

Was Ihnen nicht gefällt, sollten Sie streichen. Hat Ihr Gegenüber damit ein Problem – nun, dann sollten Sie zum Mitbewerber wechseln und dort Ihr Glück versuchen. Ist es Ihnen hingegen nicht zuzumuten, die AGB zu lesen, dann brauchen Sie auf den Inhalt auch kaum zu achten. Denn: Sind Sie mit den Geschäftsbedingungen nicht einverstanden, dann vermerken Sie das doch einfach auf dem Vertrag. In beiden Fällen werden die AGB dann nicht in den Vertrag mit einbezogen.

Wenn Sie mit den AGB nicht einverstanden sind, dann vermerken Sie dies auf dem Vertrag

Von daher gilt:

- Allgemeine Geschäftsbedingungen werden wirksam, wenn alle Vertragsparteien darüber einig sind, dass die AGB in den Vertrag einbezogen werden. In der Regel muss der AGB-Verwender seine Kunden ausdrücklich auf seine Geschäftsbedingungen hinweisen.
- Diese Einigung muss nicht ausdrücklich stattfinden. Schon wenn der Verbraucher den Umständen nach mit AGB rechnen muss (etwa bei Versicherungsverträgen) und nichts dagegen unternimmt, gelten sie für diesen Vertrag.
- Dazu müssen die Geschäftsbedingungen bekannt sein. Der Verwender kann sie entweder auf ein Vertragsformular aufdrucken oder öffentlich in seinem Unternehmen aushängen. Entscheidend ist:

Man muss sie ohne Umstände vor Abschluss des Vertrages lesen können.

Inhaltlich müssen sie sich an den Spielraum halten, der vom AGB-Gesetz gesteckt wird:

Unklarheiten in der Formulierung gehen zu Lasten des Verwenders

a) Unklarheiten in der Formulierung gehen grundsätzlich zu Lasten des Verwenders. Lässt sich also eine AGB-Klausel auf eine mehrdeutige Weise verstehen, gilt immer die für den AGB-Verwender schlechtere und die für den Verbraucher günstigere Auslegungsmöglichkeit (§ 5 AGBG).
b) Überraschende Klauseln, die einen Verbraucher übertölpeln oder überrumpeln können (so der BGH), sind ohne weiteres unwirksam und gehen nicht in einen Vertrag ein (§ 3 AGBG).
c) Klauseln sind unwirksam, wenn sie den Vertragspartner unangemessen benachteiligen (ausdrückliche Regelung des Gesetzgebers, §§ 9, 10, 11 AGBG).
d) Zwischen Kaufleuten sind die §§ 10 und 11 nicht anwendbar. Hier ist in jedem Fall die individuelle Situation der Vertragspartner entscheidend.

Das klein Gedruckte: bitte immer lesen

Lesen Sie sich deshalb das Kleingedruckte in jedem Fall sorgfältig durch. Ein seriöser Vertragspartner wird Ihnen die dafür nötige Zeit lassen und für Ihre Fragen zur Verfügung stehen. Erst danach sollten Sie die AGB akzeptieren, ablehnen oder mit dem Vertragspartner etwas Neues aushandeln, mit dem beide Seiten leben können. Wenn Sie dazu keine Zeit haben, Ihr Vertragspartner die Klauseln nicht vernünftig oder glaubhaft erklären kann und schließlich Zweifel bestehen, kann man sich immer noch auf einen Ausschluss der Geschäftsbedingungen einigen, und zwar mit dem Zusatz „Einverstanden, aber ohne AGB".

Lässt sich der Vertragspartner nicht darauf ein, verwenden selbst Juristen manchmal einen Trick: Beim Unterschreiben wird vor den eigentlichen Namenszug einfach der Zusatz „Ohne AGB" gesetzt. Handschriftlich kann das beinahe so aussehen wie ein merkwürdiger Vorname. Im Ernstfall aber wird dieser Zusatz als Willenserklärung zu werten sein, denn Sie bringen auf diese Weise zum Ausdruck, dass Sie eine Einbeziehung der AGB nicht wünschen. Lässt sich die Einbeziehung der AGB aber weder offen noch heimlich umgehen, kann die Wirksamkeit der einzelnen Klauseln mit Fachleuten überprüft werden. Sollte es später darauf ankommen, lässt sich beinahe jede AGB-Klausel vom Gericht wieder beseitigen – der ehemalige Vertragspartner hingegen wird staunen.

Fachleute finden Sie vor allem bei der örtlich zuständigen Rechtsauskunft oder in der nächsten Verbraucherzentrale. Die Anschriften hierzu erfahren Sie von der Arbeitsgemeinschaft der Verbraucherverbände e.V., Heilsbachstraße 20, 53123 Bonn, Tel.: 02 28/6 48 90.

Welche Klauseln in Verträgen unwirksam sind

Erst kürzlich hat der Bundesgerichtshof (BGH) in die Gestaltung von Versicherungsbedingungen eingegriffen und dabei mehrere Klauseln für unwirksam erklärt. Hierbei ging es vor allem um die Transparenzprüfung und um die Frage, ob eine Klausel verständlich ist und Benachteiligungen des Versicherten erkennen lässt.

Das Bundesaufsichtsamt prüft die Versicherungsbedingungen

Im ersten Fall erklärte der BGH die Vertragsklauseln eines privaten Krankenversicherers wegen unangemessener Benachteiligung des Versicherten für unwirksam. Die Versicherung hatte psychotherapeutische Behandlungen, die vom Versicherer nicht vorab zu genehmigen sind, auf höchstens 30 Sitzungen während der gesamten Vertragsdauer beschränkt (Az. IV ZR 137/98 vom 17.3.1999). Im zweiten Fall erklärte der BGH die Klausel eines Rechtsschutzversicherers, die diesem jederzeit einseitige Bedingungsanpassungen erlaubt hätten, für unwirksam. Begründet wurde die Entscheidung damit, dass diese Klausel zu Nachteilen des Versicherungsnehmers führen könne und nicht hinreichend klar formuliert sei (Az. IV ZR 218/97 vom 17.3.1999). Im dritten Fall wurde in einer privaten Arbeitslosen-Versicherung eine Klausel wegen Verstoßes gegen das Transparenzgebot für unwirksam erklärt, weil sie unklar und für den Versicherungsnehmer unverständlich sei. Der Versicherungsnehmer wäre nach dieser Klausel nur leistungsberechtigt gewesen, wenn ihm aus Gründen gekündigt worden wäre, „die nicht in der Person des Versicherungsnehmers liegen“ (Az. IV ZR 90/98 vom 24.3.1999). Da nicht alle Vertragsklauseln auf eine unangemessene Benachteiligung des Versicherten überprüft werden können, eine Transparenzprüfung aber ausnahmslos zu allen Vertragsklauseln vorgenommen werden kann, ist zu erwarten, dass der BGH demnächst vermehrt Klauseln in Versicherungsverträgen überprüfen und für unwirksam erklären wird.

Ebenfalls begründet die unvollständige Beratung eines Versicherten die Haftung der Versicherungsgesellschaft auch in einem vertraglich nicht gedeckten Versicherungsfall (OLG Frankfurt, Az. 7 U 138/97). Dies gilt zum Beispiel für den Fall, dass ein Versicherungsnehmer seine Versicherung aus dem Versicherungsvertrag nicht in Anspruch nehmen kann, weil etwa die Fahrzeugvollversicherung nur für den Bereich der EU gilt. Die Versicherungsgesellschaft haftet hier bei einem Unfall außerhalb der EU für den Schaden, weil sie eine umfassende Information dem Versicherungsnehmer gegenüber in den Vertragsbedingungen versäumt hat, insbesondere über den Geltungsbereich des Vertrages und dessen mögliche Erweiterung. Somit konnte der Versicherungsnehmer die Möglichkeit nicht nutzen, eine zusätzliche Vereinbarung über den Versicherungsschutz auch im außereuropäischen Gebiet abzuschließen.

Wofür der Versicherungsvertreter haftet

Der Vermittlungsagent ist, bildlich gesprochen, Ohr und Auge des Versicherers. Das bekräftigte auch der BGH in einer Entscheidung (Az. IV a ZR 240/86). Im Klartext: Wer von einem Vertreter einen Antrag aufnehmen lässt und ihm bei dieser Gelegenheit die im Formular enthaltenen Fragen mündlich wahrheitsgemäß beantwortet, hat dem Versicherer damit alles gesagt, was er sagen muss. Versäumt es der Agent daraufhin, für die Beurteilung des Risikos negative Antworten in die Versicherungsunterlagen einzutragen, dann muss der Versicherer die Folgen tragen.

Bei Versäumnissen der Agenten muss die Versicherung die Folgen tragen

Informiert etwa ein Versicherungsnehmer den Vertreter im Gespräch beim Ausfüllen des Formulars über Vorerkrankungen und darüber, dass ein früherer Versicherungsvertrag (z.B. eine Berufsunfähigkeitsversicherung) bereits einmal abgelehnt wurde, so muss sich das Versicherungsunternehmen diese Erklärung als bekannt zurechnen lassen. Macht ein Vertreter gegenüber dem Versicherungsnehmer mündliche Versprechungen, etwa über den Beginn des Versicherungsschutzes, so können diese nach einer Entscheidung des OLG Saarbrücken (Az. 2 U 135/85) auch dann rechtswirksam sein, wenn im Formular der Vorstand die Annahme erklärte oder der Versicherungsschein ausgehändigt wurde. Diese Klausel wäre nur dann nicht rechtswirksam vereinbart worden, wenn sie z.B. in winziger Schrift gehalten und damit nicht lesbar wäre.

Krankheiten sollten Sie niemals verschweigen

Bei falschen Angaben kann der Versicherungsgeber den Vertrag anfechten

Der Arzt spielt als Gutachter beim Abschluss einer privaten Krankenversicherung häufig eine sehr wichtige Rolle. Denn: Macht ein Versicherungsnehmer absichtlich falsche Angaben, so kann die Versicherung den Vertrag wegen arglistiger Täuschung anfechten. Die Arglist kann auch, so das OLG Frankfurt, durch Indizien nachgewiesen werden (Az. 19 U 20/94). Wer also eine personengebundene Versicherung abschließt, z.B. eine Lebens- oder Krankenversicherung, muss der Versicherung alle für den Vertragsschluss relevanten Informationen zu seiner Person geben.

Denn die „freie Selbstbestimmung auf rechtsgeschäftlichem Gebiet" ist ein geschütztes Rechtsgut und nur dann gewährleistet, wenn beide Vertragspartner die für den Vertragsschluss wesentlichen Umstände kennen. Deshalb ist es insbesondere bei den oben genannten Versicherungen üblich, dass der zu Versichernde Fragen zu früheren Erkrankungen oder Behandlungen wahrheitsgemäß beantwortet. Häufig verlangen Versicherer, dass ihr potentieller Vertragspartner einen Arzt konsultiert, von diesem untersucht wird und den Befund dem Versicherer mitteilt. Hier stellt sich nun die Frage, wie weit die Informationspflicht des zu Versichernden geht.

Sie müssen umfassend über Ihren Gesundheitszustand Auskunft geben

Grundsätzlich ist zunächst einmal festzuhalten, dass der Versicherungsnehmer möglichst umfassend über seine gesundheitliche Verfassung Auskunft geben sollte. Allerdings wird es gelegentlich vorkommen, dass man das eine oder andere Zipperlein vergisst, etwa weil es schon lange Zeit zurückliegt oder kaum der Erwähnung wert scheint. Doch dieses Versäumnis kann äußerst unangenehme Folgen haben: Dann hat nach dem Versicherungsvertragsgesetz das Versicherungsunternehmen die Möglichkeit, entweder vom Vertrag zurückzutreten (bei fahrlässigem Verhalten) oder ihn wegen arglistiger (bewusster) Täuschung anzufechten. Im letzteren Fall gelten längere Fristen für die Einreichung einer Klage. Außerdem müssen folgende Voraussetzungen vorliegen:

- der Versicherungsnehmer muss die Versicherung täuschen, also unvollständige bzw. unrichtige Angaben machen;
- er muss die Unrichtigkeit seiner Angaben kennen; dabei reicht es aus, wenn er glaubt, sie seien falsch – ohne sich ganz sicher zu sein;
- der Versicherungsnehmer muss zudem die Vorstellung haben, seine unrichtige Erklärung könne für die Willensbildung der Versicherungsgesellschaft maßgebend sein.

Dass die Voraussetzungen einer arglistigen Täuschung vorliegen, muss das Versicherungsunternehmen nachweisen. Dieser Nachweis ist jedoch oftmals schwierig. So reicht es keinesfalls aus, dass der potenzielle Versicherungsnehmer unvollständige oder unrichtige Angaben macht, wenn das Versicherungsunternehmen auf anderem Wege die ihn betreffenden Informationen bekommt. Denkbar ist zum Beispiel der Fall, dass der Versicherungsnehmer gegenüber dem Versicherungsvertreter zwar falsche Angaben macht, der Hausarzt aber ein zutreffendes Gutachten liefert.

Anders sieht es jedoch aus, wenn der untersuchende Arzt gar nicht zu einem zutreffenden Urteil kommen kann. Das OLG Frankfurt stellte so fest, dass es ein Indiz für die arglistige Täuschung durch den Versicherungsnehmer sei, wenn er sich vor Vertragsschluss nicht von seinem Hausarzt untersuchen lässt, der ihn kennt, sondern von einem ihm bis dahin unbekannten Arzt, der die Vorerkrankungen nicht kennt.

Überhöhte Provisionen – Rückforderung 30 Jahre möglich

Das OLG Koblenz hat zur Frage Stellung genommen, wie lange irrtümlich an den Vertreter gezahlte überhöhte Provisionen zurückgefordert werden können. Das OLG: Weil die Rückforderungsrechte des Unternehmens weder Ansprüche aus einem Vertragsverhältnis nach HGB (Verjährungsfrist vier Jahre) noch Ansprüche auf wiederkehrende Leistungen nach dem BGB sind, sondern so genannte Bereicherungsansprüche, beträgt die Verjährungsfrist 30 Jahre (Az. 6 U 965/86).

Wer vom Vertreter reingelegt wurde, sollte sich wehren!

Anhand der nachfolgenden Fragentabelle können Sie kontrollieren, ob Sie bei Abschluss eines neuen und für Sie günstigeren Vertrages auch alle wichtigen Punkte bedacht haben:

Zu prüfender Punkt	*Erläuterungen*
1. Sind Ihre persönlichen Daten auch korrekt angegeben?	*Auch beim Geburtsdatum und dem Beruf sowie der Anschrift dürfen keine „kleinen Fehler" vorhanden sein. Für die Hausratversicherung ist es z.B. wichtig, ob Sie im vierten Stockwerk oder im Erdgeschoss wohnen (größeres Risiko).*
2. Sind auch alle versicherten Personen namentlich genannt?	*Bei vielen Verträgen ist dies Voraussetzung für den Umfang der Versicherung.*
3. Ist das versicherte Risiko genau beschrieben?	*Auch kleine Abweichungen sollten sofort korrigiert werden. Wenn Sie nicht genau wissen, wie groß Ihr Heizöltank wirklich ist und 5 000 Liter angeben, weil Sie noch nie mehr Öl gekauft haben und gar nicht wissen, dass die doppelte Menge hineinpasst, kann das den Versicherungsschutz kosten. Das gilt auch bei allen anderen Sachversicherungen und ebenso z.B. bei der Kfz-Haftpflicht.*
4. Sind alle vorgedruckten Fragen im Formular beantwortet?	*Wenn nicht, kann das später als Verstoß gegen die Anzeigepflicht ausgelegt werden. Wenn Sie nicht genau wissen, was die jeweilige Frage soll, sollten Sie dort niemals „nein" hineinschreiben oder einen Strich machen, sondern ein Fragezeichen. Wenn der jeweilige Punkt für die Versicherung wichtig ist, muss sie bei Ihnen nachfragen und den Sinn der Frage erklären. Versäumt sie das, können Ihnen keine Nachteile entstehen.*
5. Haben Sie Fragen nach weiteren Versicherungsverträgen korrekt beantwortet?	*Eine Doppelversicherung kann zum Leistungsentzug führen, wenn man nicht darauf hinweist. Wenn Sie nicht genau wissen, ob das jeweilige Risiko woanders schon versichert ist, schreiben Sie das einfach in den Antrag: „Weiß ich nicht."*
6. Sind Zusatzvereinbarungen und besondere Wünsche berücksichtigt?	*Nur das geschriebene Wort gilt, mündliche Absprachen sind nicht gültig oder zumindest schwer beweisbar. Wenn Ihnen nicht klar ist, ob alle Wünsche berücksichtigt sind, bitten Sie um eine schriftliche Bestätigung durch die Gesellschaft. Lassen Sie sich nicht durch Allgemeinplätze wie „Ja, ja, das steht weiter hinten im Kleingedruckten und ist sowieso berücksichtigt" abwimmeln.*

Zu prüfender Punkt	*Erläuterungen*
7. Sind Zusatzleistungen vereinbart, die Sie gar nicht gewollt haben?	*Überprüfen Sie stets bei allen Passagen mit Wahlmöglichkeit, ob auch tatsächlich die von Ihnen gewünschte Version angekreuzt ist.*
8. Haben Sie eine Kopie des Antrags für Ihre Unterlagen erhalten?	*Diese sollten Sie, für eventuell Jahre später auftretende Streitfälle, gut aufbewahren – zusammen mit der Versicherungsurkunde.*
9. Ist die Vertragslaufzeit richtig angegeben?	*Es gibt keinen Grund, langfristige Verträge abzuschließen. Jahresverträge sind ausreichend und am leichtesten zu kündigen. Auch wenn eine Laufzeit eingedruckt ist und unveränderlich wirkt: Setzen Sie die von Ihnen wirklich gewünschte Zeitspanne ein. Lassen Sie sich auch durch Prämienrabatte nicht im letzten Moment noch zu einer längeren Laufzeit überreden.*
10. Ist der Versicherungsbeginn korrekt eingetragen?	*Prüfen Sie noch einmal, ob eine vorherige Versicherung tatsächlich bis zu diesem Zeitpunkt gilt, damit keine Lücke im Versicherungsschutz entsteht und keine unnötige Doppelversicherung eingegangen wird.*

Wenn Sie der Ansicht sind, dass Ihre Versicherung nicht korrekt arbeitet, gegen die geltende Rechtslage verstößt oder höchstrichterliche Urteile missachtet, können Sie sich an die staatliche Aufsicht für das Versicherungswesen wenden:

Die staatliche Aufsicht für das Versicherungswesen hilft

Bundesaufsichtsamt für das Versicherungswesen
Ludwigkirchplatz 3-4
10719 Berlin
Tel.: 0 30/88 93-0
Fax: 0 30/88 93-4 94

Kündigungen - So kommt die Familie aus dem Vertrag

Rund zehn Milliarden (!!!) Mark vergeuden die Deutschen im Laufe eines Jahres mit unnützen Policen. Wer dann kündigen will, der braucht schlagkräftige Argumente – denn den Versicherern ist keine Begründung zu fadenscheinig, um die Verträge aufrecht erhalten zu können. Und so argumentieren nicht wenige Versicherer: „Die Laufzeit wurde bei Vertragsabschluss handschriftlich eingetragen und stellt von daher keine Allgemeine Geschäftsbedingung dar, sondern wurde individuell mit dem Kunden ausgehandelt." Dabei wird mit den meisten Kunden über die Laufzeit gar nicht gesprochen. Und so kontern Sie bei Ausreden:

Argument der Versicherung	***So kontern Sie der Versicherung***
„Die zitierten Urteile betreffen in keinster Weise unser Unternehmen, da sie immer nur zwischen den beteiligten Parteien Rechtskraft entfalten..."	*Insgesamt ist dieser Hinweis zwar formal richtig, doch gilt laut Bundesaufsichtsamt eine gefestigte Rechtsprechung des Bundesgerichtshofes bzw. der Oberlandesgerichte für die gesamte Versicherungswirtschaft.*
„Die Laufzeit wurde handschriftlich eingetragen. Aus diesem Grund liegt rechtlich eine klare Individualvereinbarung vor..."	*Diese Aussage ist falsch, denn die Vertreter reden so gut wie nie über die Laufzeit. Wer jedoch vor Gericht geht, sollte besser Zeugen für das Verkaufsgespräch beibringen und darauf bestehen, dass diese auch vernommen werden.*
„Zehnjahresverträge, die ab 1991 bis Sommer 1994 abgeschlossen wurden, können nicht gekündigt werden. Aufgrund des Versicherungsvertragsgesetzes sind Zehnjahresverträge nämlich unter der Voraussetzung unkündbar, dass dem Kunden alternative Laufzeiten angeboten bzw. Rabatte bei langen Laufzeiten gewährt wurden..."	*Diese Aussage ist falsch! Der Bundesgerichtshof hat hier allen Versicherten, die aus ihren Zehnjahresverträgen aussteigen wollen, das Tor geöffnet: Die in den Verträgen bis zur Gesetzesneuregelung am 1.1.1991 enthaltenen Zehnjahresklauseln sind unwirksam (Az. IV ZR 107/93).*
„Aufgrund der langen Laufzeit wurde Ihnen ein Dauernachlass eingeräumt. Das wiederum dient als Beweis, dass mit Ihnen über die Laufzeit verhandelt wurde..."	*Diese Formulierung ist in doppelter Hinsicht falsch. Denn zum einen hat ein Vermittler den Rabatt gleich mit in das Formular eingetragen, als er Ihnen die lange Laufzeit unterschob. Zum anderen hätte dies spätestens der Mitarbeiter im Innendienst des Versicherers bei der Erfassung der Antragsdaten nachgeholt.*

Versicherungskündigung und -wechsel

- Jeder Vertrag kann grundsätzlich mit einer Frist von drei Monaten zum Vertragsende (das muss nicht unbedingt das Jahresende sein!) gekündigt werden. Das ist wichtig, weil sich sonst eine automatische Verlängerung ergibt. Diese Regelung soll den Kunden davor schützen, dass ein Vertrag unbemerkt ausläuft und er plötzlich ohne Versicherungsschutz dasteht.

Jeder Vertrag kann zu bestimmten Terminen gekündigt werden

- Praktisch alle Verträge mit zehnjähriger und noch längerer Laufzeit, die nach dem 24.6.1994 abgeschlossen wurden, betrifft eine gesetzliche Kündigungsmöglichkeit, die erstmals nach fünf Jahren besteht. Im Klartext: Diese Verträge können zum Ende des fünften Jahres und jedes weiteren Jahres mit einer Frist von drei Monaten gekündigt werden. Gekündigt werden muss schriftlich und mit einer Frist von mindestens drei Monaten zum Ende des Versicherungsjahres.
- Langfristige Altverträge mit einer Laufzeit von zehn Jahren (abgeschlossen vor dem 30.12.1990) können aber in jedem Fall gekündigt werden, wenn die zehnjährige Vertragszeit in dem Versicherungsantrag gleich vorgedruckt war, Sie also praktisch keine Wahlmöglichkeit hatten. Dies betrifft insbesondere Verträge für die Sparten Glasbruch, Wohngebäude, Haftpflicht, Hausrat und Unfall. Grundlage sind die entsprechenden Urteile des BGH (Az. IV ZR 107/93, 183/93, 219/93, 220/93, 227/93 und 44/94). Danach werden Versicherungskunden unangemessen benachteiligt, wenn durch die vorgedruckte Zehnjahres-Laufzeit eine Anpassung des Vertrages an Änderungen der Lebenssituation unmöglich gemacht wird.

Auch handschriftlich eingetragene Vertragslaufzeiten können Sie kündigen

- Zehnjahres-Altverträge ohne vorgedruckte Laufzeitangabe (d.h. Antragsformulare bis zum 31.12.1990): Wer kündigen will und einen Antrag unterschrieben hat, bei dem die Zehnjahres-Laufzeit vom Vertreter mit der Hand eingetragen wurde, dem wird der Abschied oftmals verwehrt. Begründung der Gesellschaften: „Sie hatten ja die Wahl, hätten kürzere Verträge abschließen können. Es mussten keine zehn Jahre eingetragen werden – eine Benachteiligung lag von daher nicht vor." Falsch, so das Landgericht München, Az. 32 S 5255/94, sowie das OLG Hamburg, Az. 5 U 137/92. Man sollte nur glaubhaft versichern können (eventuell durch Zeugen), dass der Vertreter gar nicht auf kürzere Vertragsmöglichkeiten hingewiesen hat, die Zehnjahresklausel also einfach als verbindlich eingetragen wurde.

Die Möglichkeiten für einen kurzfristigen Ausstieg

Möglichkeiten des Ausstiegs auf einen Blick

Lebensversicherungen	Kündigung mit einer Frist von drei Monaten (bei Abschluss ab 1995: ein Monat) zum Ende des Ratenzahlungsabschnitts möglich. Beispiel: Bei monatlicher Zahlung und Kündigung im November 2000 endet die Versicherung am 28.02.2001 (bei neuem Vertrag 31.12.2000). Bei jährlicher Zahlung ist ein Ausstieg jederzeit zum Ende des Versicherungsjahres möglich.
Private Krankenversicherung	Kündigung bei jeder Beitragserhöhung möglich, ansonsten jährlich mit Dreimonatsfrist zum Ende der Vertragsdauer oder jedes weiteren Versicherungsjahres. Wer kündigt, sollte allerdings sein Alter und seinen Gesundheitszustand mit einbeziehen. Denn nicht immer ist ein anderer Versicherer billiger und besser!
Gesetzliche Krankenversicherung	Wechsel als freiwillig Versicherter jederzeit mit einer Kündigungsfrist von zwei Monaten zum Monatsende möglich. Beispiel: Kündigung November 2000, Wechsel zum neuen Versicherer zum 1.1.2001 möglich. Weniger flexibel sind die Pflichtversicherten. Sie dürfen zum 1. Januar des darauffolgenden Jahres wechseln. Kündigungstermin ist der 30. September.
Kfz-Versicherungen (Für vor 1995 abgeschlossene Kaskoverträge gelten zwar weiterhin drei Monate Kündigungsfrist, aber in aller Regel geben die Gesellschaften den Kaskovertrag frei, wenn der Kunde die Autohaftpflicht kündigt.) (Nachteile bedenken, die in den neuen Versicherungsbedingungen stecken!)	Ausstieg bei der Haftpflichtversicherung mit einer Kündigungsfrist von einem Monat zum Ende des Versicherungsjahres möglich (Entscheidung des Bundesaufsichtsamtes). Dies gilt auch, wenn in Ihrem Vertrag etwas ganz anderes steht. Denn es muss zwischen Alt- und Neuverträgen unterschieden werden (dann wären es drei Monate ordentliche Kündigungsfrist). Wird die vierwöchige Kündigungsfrist nicht akzeptiert, wird das BAV die Annahme der Kündigung per Verwaltungsakt erzwingen.

Die Möglichkeit eines Ausstieges direkt nach Vertragsschluss

Wie Sie aus dem Vertrag herauskommen

Sie haben unterschrieben ...	Sie können ...
längstens vor zwei Wochen.	den Antrag ohne Begründung widerrufen, auch bei vereinbarter Bindefrist – es sei denn, Sie haben sofortigen Schutz vereinbart.
mindestens vor vier Wochen.	in der Regel Sachversicherungen ablehnen, wenn die Police noch nicht da ist. Die spätere Zusendung gilt als neues Angebot.
mindestens vor sechs Wochen.	in der Regel Lebensversicherungen ablehnen, wenn die Police noch nicht da ist. Die spätere Zusendung gilt als neues Angebot.
zwischen dem 1.1.1991 bis 28.7.1994.	den Antrag auch heute noch rückwirkend widerrufen, wenn mindestens eine der folgenden Voraussetzungen erfüllt ist: a) Sie haben keine Kopie des Antrags erhalten, die Sie über Ihr Widerrufsrecht informierte; b) die Widerrufsbelehrung fehlte ganz; c) die Widerrufsbelehrung befand sich auf der Rückseite oder war drucktechnisch nicht ausreichend hervorgehoben. Bei den Punkten a) und b) liegt die Beweislast jeweils beim Versicherer!
zwischen dem 1.1.1991 und dem 24.6.1994.	kündigen, wenn mindestens eine der folgenden Voraussetzungen erfüllt ist. Es wurden – keine Laufzeiten von drei, fünf und zehn Jahren angeboten; – bei Fünf- und Zehnjahresverträgen keine Rabatte auf den Beitrag eingeräumt, die in Prozent mindestens so hoch sind wie die Laufzeit, also zehn Prozent bei Zehnjahresverträgen; – die Laufzeitalternativen und Rabatte im Antragsformular nicht da abgedruckt, wo die Laufzeit einzutragen war.

Die erste Prämie wurde ...	*Sie können ...*
noch nicht gezahlt.	*sich darauf berufen, dass der Versicherer vom Vertrag zurückgetreten ist, falls er drei Monate nach Vertragsabschluss noch keinen gerichtlichen Mahnbescheid beantragt hat.*
längstens vor einem Monat bezahlt.	*den Antrag widerrufen, wenn nicht über das Widerrufsrecht belehrt worden ist. Bei fehlender Information gilt als Argument auch der folgende Punkt.*
längstens vor einem Jahr oder noch gar nicht bezahlt.	*dem Vertrag widersprechen, wenn die gesetzlich vorgeschriebene Verbraucherinformation nicht komplett ist oder Sie bei Erhalt der Police nicht über Ihr Widerspruchsrecht belehrt wurden. Seltene Ausnahme: Hat der Versicherer Sie bereits bei Antragstellung vollständig informiert, dann gibt es nur das Widerspruchsrecht wie oben aufgeführt.*

Die Möglichkeit, während der Vertragslaufzeit auszusteigen

Auch während der Laufzeit können Sie kündigen

Die Prämie steigt und Sie haben den Vertrag abgeschlossen oder geändert ...	*Sie können (außer bei Prämienerhöhung durch Dynamik) ...*
vor dem 1.1.1991.	*innerhalb eines Monats nach Bekanntgabe der Beitragssteigerung Ihre Police kündigen, wenn die in den Versicherungsbedingungen genannten Sätze überschritten werden. Diese sind leider uneinheitlich und hängen vom Zeitpunkt ab, zu dem der jeweilige Versicherer sich seine Bedingungen hat genehmigen lassen (Richtwerte: Haftpflicht und Hausrat bei Erhöhung um mehr als zehn Prozent der Vorjahresprämie oder 20 Prozent der Prämie des ersten Jahres, Rechtsschutz bei 15 Prozent der Vorjahresprämie oder 30 Prozent der Prämie des ersten Jahres).*

Was zu tun ist, wenn Risiken wegfallen

Die Prämie steigt und Sie haben den Vertrag abgeschlossen oder geändert ...	**Sie können (außer bei Prämienerhöhung durch Dynamik) ...**
zwischen dem 1.1.1991 und dem 28.7.1994.	bei jeder Prämienerhöhung binnen eines Monats nach Bekanntgabe kündigen, sofern diese fünf Prozent des Vorjahresbeitrags oder 25 Prozent der ersten Prämie übersteigt.
ab dem 29.7.1994.	bei jeder Prämienerhöhung binnen eines Monats nach Bekanntgabe kündigen. Ausnahme: Die Leistung verbessert sich.
Falls Sie einen Schaden melden ...	**Sie haben das Recht ...**
und die Versicherung zahlt.	innerhalb eines Monats nach Abschluss der Verhandlung über die Entschädigung zum Ende des Versicherungsjahres kündigen (Ausnahme Rechtsschutz: siehe Vertragsbedingungen).
und die Versicherung zahlt nicht.	innerhalb eines Monats nach Abschluss der Verhandlungen über die Entschädigung zum Ende des Versicherungsjahres kündigen (Ausnahme: Rechtsschutz). Das gilt aber nur, wenn Ihr Anspruch zu Unrecht abgelehnt wird. In der Praxis müssen Sie oft klagen.
Falls das versicherte Risiko wegfällt ...	**Sie können ...**
weil Sie Ihr Haus oder Ihr Auto verkaufen.	der Versicherung den Verkauf mitteilen und sich bei Bedarf einen neuen Versicherer suchen. Der Käufer kann entscheiden, ob er Ihre Police übernimmt oder eine neue abschließt.
weil Sie heiraten.	jeweils den jüngeren Vertrag in der Haftpflicht und in der Rechtsschutzversicherung aufheben lassen. Der Partner ist im älteren Vertrag mitversichert. Single-Policen müssen aufgehoben werden.

Die Möglichkeit, am Ende der Laufzeit auszusteigen

Sie haben den Vertrag abgeschlossen oder geändert ...	*Sie haben das Recht ...*
vor dem 1.1.1991.	*spätestens zehn Jahre nach Abschluss auszusteigen. Die Kündigungsfrist beträgt drei Monate zum Ende des Versicherungsjahres (Ausnahme: kurzfristiger Ausstieg). Falls dieser Termin verpasst wird, besteht die Möglichkeit, jährlich zum Ablauf des Versicherungsjahres zu kündigen.*
zwischen dem 1.1.1991 und dem 24.6.1994.	*zum Ende der Laufzeit zu kündigen und danach jedes Jahr auszusteigen. Die Kündigungsfrist beträgt drei Monate zum Ende des Versicherungsjahres (Ausnahme: kurzfristiger Ausstieg).*
ab 25.6.1994.	*zum Ende des fünften Versicherungsjahres und danach jedes Jahr auszusteigen. Kündigungsfrist: drei Monate zum Ende des Versicherungsjahres (Ausnahme: kurzfristiger Ausstieg).*

Allgemeine Vertragskündigung unter Einhaltung der gesetzlichen Frist

Absender

An die Versicherung ...

Versicherungsnummer .../Kündigung

Sehr geehrte Damen und Herren,

den bei Ihnen abgeschlossenen Versicherungsvertrag kündige ich fristgemäß vor Ablauf von

- *drei Monaten (alle Verträge)*
- *einem Monat (nur Kfz-Haftpflicht)*

zum Ende des laufenden Versicherungsjahres. Das Versicherungsjahr endet bei dem mit Ihnen geschlossenen Vertrag am ... (Datum).

Mit freundlichen Grüßen

Unterschrift